19세기 경북 봉화 양반의
딸에게 부치는 노래

한국어문화연구소 총서 10

19세기 경북 봉화 양반의

박재민 · 한경란 註解

딸에게

부치는 노래

이담북스

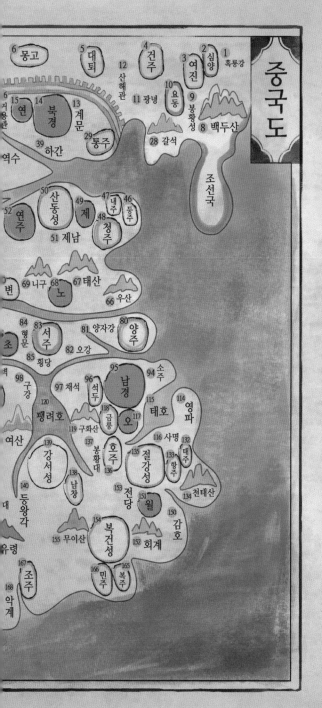

중국도

서문

《가스》는 19세기 경북 봉화군 명호면 삼동리에 살던 한 양반이 시집 가는 딸을 위해 엮은 가사집이다. 이 책은 현재 일본 동경대학교 소창 문고에 소장되어 있는데, 경성제대의 소창진평小倉進平, 1882~1944 교수가 한 국 재직 시 수집하였다가 1933년 일본 동경제대 교수로 영전될 때 함 께 가지고 갔던 것으로 추정된다. 소창문고에는 이 책을 비롯한 729건 의 한국 고적들이 유사한 경로를 통해 소장되어 있다.

필자는 박사 과정을 밟던 2006년, 은사 권두환 교수님 및 그 제자들 과 소창문고를 방문한 적이 있었는데, 그때 이 책을 처음 보게 되었다. 그간 학계에는 '영남지방의 한 양반이 1840년 경에 쓴 것'으로 추정하 고 있었으나, 책 내용을 따라 필자가 조사한 바에 의하면 이 책을 지은 이는 경북 봉화군 명호면 삼동2리(황새마을)에 살던 50세 남짓의 양반 이며, 편찬 시기는 1900년(경자년)일 것으로 추정된다.

이 책은 단아한 필체로 〈화죠연ㄱ〉, 〈악양누ㄱ〉, 〈효우가〉, 〈화전별곡〉, 〈계여ㅅ〉, 〈어부ㅅ〉, 〈몽유ㄱ〉 등 7편의 작품을 수록하고 있는데, 책의 말미에 붙은 후기를 통해 볼 때 시집가는 딸에게 보내는 아버지의 선물

및 당부의 뜻을 지닌 것으로 이해될 수 있다. 〈화조연가〉, 〈악양루가〉, 〈화전별곡〉 등은 딸이 심심할 때 읽으라는 선물의 뜻, 〈효우가〉, 〈계녀사〉는 시집가서 유의해야 할 점들을 미리 자상히 알려준 것이라 하겠다. 〈어부사〉는 교양의 차원에서, 〈몽유가〉는 아버지의 평생 소회를 딸과 공유하고픈 마음에서 전해준 것이라 하겠다.

이 책이 비록 일본의 한 도서관에 묻혀 있던 상태이기는 하지만, 문학사적인 의의도 적지 않다. 우선 가사 모음집은 흔하지 않은데, 이 책은 가사 모음집이라는 점, 조선 후기의 가사는 작자가 불분명하여 어느 시대의 정신적 산물인지 알기 어려운데 이 책은 1900년, 봉화라는 명확한 배경을 지니고 있어 당시의 정신적 풍경을 구체적으로 잘 보여준다는 점, 또 수록하고 있는 작품들이 다른 이본들에 비해 잘 정비되어 있어 선본(善本)으로서의 면모가 크다는 점 등에서 주목할 만한 문학적 가치가 있다.

이 책을 확인한 후 필자는 2015년 〈딸에게 부치는 노래〉(《한국어와 문화》 18)라는 논문으로 서지 사항에 대해 발표한 적이 있었지만, 마음한 켠에는 언젠가는 이 책을 현대어로 풀이하여 딸에게 자필로 한 곡한 곡 필사해 간 봉화 양반의 마음이 현대의 우리에게도 전해질 수 있게 하리라는 뜻을 품고 있었다.

그러던 중 마침 숙명여자대학교의 한국어문화연구소에서 대학원생들과 함께 연구하며 주석을 달 재원을 지원해 주었고 이에 2016년 박재민, 한경란(당시 박사 과정), 김유란(당시 석사 과정)은 이 책의 강독을 시작하였다. 강독 방식은 단순한 것이어서 1차는 필사된 것을 전자

텍스트로 옮기는 것, 2차는 그것의 주석을 달아 매주 돌아가며 발표하는 것, 3차는 현대어로 풀이하는 것의 순서로 진행되었다. 원전을 읽으며 전자텍스트로 옮기는 일 및 1차 주석은 주로 한경란과 김유란이 담당하였고, 주석의 심화 교정 및 현대어역 교정은 2020년 하반기부터 진행하였는데 박재민과 한경란이 함께 맡았다.

필자는 이 책의 산실이 궁금하여 봉화군 명호면 삼동리를 답사하기도 하였다. 어떤 풍경 속에서 이 정갈한 정신의 책이 나왔던가가 궁금하였고, 또 이 책의 작자 및 편찬자인 50세 남짓의 양반은 과연 누구일까, 그 후손들이 그곳에 있을까 등에 대해 궁금하였기 때문이다. 조사 결과 그 마을은 한양 조씨(趙氏)가 터를 잡고 살던 곳으로 지금도 그곳에는 백파산장(白坡山庄)이라는 정자의 흔적이 남아 있었다.

이제 이 책의 주석을 다 달고, 약간의 사진도 넣어 작은 한 권의 책을 완성하였다. 이 작업을 하는 우리의 기본적인 관심은 "어떻게 하면 옛 정신의 풍경과 현대인의 호기심이 의미 있게 조우할 수 있을까?"였다. 옛 책은 늘 가치가 있다고 하는데, 어떤 면을 부각해야 그 가치를 보다 실감나게 향유할 수 있을까란 점이 가장 큰 고심점이었다. 결국 우리는 정확한 주석과 해석을 제공하여 학술적 의미의 최소치를 확보한 후, 문화적으로도 공유할 만한 내용을 약간 더 수록하였다. 그것이 '긴 주석'의 형태로 나타나게 된 것이다. 이에 더하여 이 책의 내용과 연관된 옛 그림들도 국립중앙박물관에서 찾아서 간간이 넣었다. 귀한 자료를 조건 없이 공개하고 있는 국립중앙박물관에 고마운 마음이 크다.

이 책을 집필하면서 우리는 19세기를 살던 우리 선조들의 현실적, 정신적 풍경을 잘 살필 수 있었다. 그들의 마음속에는 어떤 준칙들이 있었나, 어떤 즐거움이 있었나, 어디를 지향하고 있었나 등에 대해 깊이 생각해 볼 수 있었다. 그들의 삶을 요약하자면 "현실의 땅에 발을 딛고, 선현들이 정해 둔 도덕률을 걸으며, 문화 향유의 시선은 중국 故事의 시공간을 향했다."고 하겠다. 시공간적으로 이동이 자유롭지 못했던 당시, 그들은 책 속에 펼쳐진 선현들의 가르침과 자취를 따라 멀리 가고 멀리 보기를 갈망했던 것이라 하겠다.

　작은 책이지만 감사할 곳이 많다. 그중 누구보다도 책이 나올 수 있도록 넉넉히 지원해 준 숙명여대 한국어문학부의 한국어문화연구소에 감사드린다.

청파에서 필자 일동

목차

1

화죠연ㄱ

〈화조연가花鳥宴歌〉는 '꽃과 새의 잔치 노래'이다. 근래 신경숙(2010) 교수는 이 작품은 순조純祖, 재위 1800~1834 등극 30주년을 축하하기 위해 세자 익종이 서사를 짓고, 궁녀 조맹화가 본사를 지은 것으로 추정한 바 있다. 이본도 비교적 많아서 〈익종대왕 화소가〉(단국대도서관 소장), 〈화쵸가〉(규장각 소장) 등의 이름으로 현재까지 17종이 보고되어 있다.

본 책의 〈화조연가〉 또한 신 교수의 목록에 포함되어 있다. 그런데 이 작품은 여타의 이본에 비해 더 주목받을 점이 있다. 첫째, 현재까지의 작품들은 대부분 20세기 이후에야 채록된 것임에 비해, 이 〈화조연가〉는 성립연도가 1900년으로 고정되어 있다. 즉, 이 책의 〈화조연가〉는 현재까지의 이본 중에서 가장 이른 시기에 속하면서 동시에 작성 경위가 가장 뚜렷한 본 중의 하나가 된다.

분량 또한 전체 112구로 이본들 중 가장 길며, 내용은 서사, 본사, 결사의 구성을 하고 있다. 서사에서는 임금의 만수무강을, 본사는 전반부에 새의 노래, 후반부에 꽃의 노래를 싣고 있으며, 결사에서는 조선의 영원함을 축원하고 있다.

지금처럼 즐길 것이 많지 않던 전통 시절, 검은 들판에 피어나는 꽃, 밋밋한 바람 소리 사이로 들려오던 새의 울음은 지루한 일상을 설레게 하는 가장 풍부한 원천들이었다. 그렇기에 민요, 민화, 한시 들에는 화조花鳥를 소재로 한 것이 많다. 이 노래 또한 그 흐름을 이어받은 것이라

할 수 있는데, 다만 이 노래는 그
간의 새와 꽃들에 관련된 문화 속
담화들을 모아 집성한 것이다. 또
한편으로는, 화조가 지닌 본연
적인 즐거움을 궁중의 잔치에
동원함으로써 잔치의 아름다움
과 흥을 배가하는 장치로 활용
하고 있다.

화조도花鳥圖 (신명연申命衍 1808~1886, 국립중앙박물관 소장)

꽃과 새는 그림, 시, 노래의 소재로 흔히 애호되었는
데, 그들이 우리의 삶을 자극하는 가장 생기 있는 자
연물이었기 때문이다.

오백 년 봄바람에 나라가 피어나네

어와 가소可笑롭다[1]	어와 우습구나
남ㅈ평싱男子平生 가소可笑롭다	남자 평생 우습구나.
청춘수업靑春事業[2] 바릿더니	청춘사업 바랐더니
빅두옹白頭翁[3]니 되단말가	백발노인 다 되었네.
요슌셩딕堯舜盛大[4] 다시만닉	태평성대 다시 만나
틱평화죠太平花鳥[5] 잔치할졔	꽃과 새가 잔치할 때
강구연월康衢煙月[6] 노인老人들은	길거리의 노인들은
격양가擊壤歌[7]을 화답和졉ㅎ고	〈격양가〉로 화답하고
낙양성동洛陽城東 션리화仙李花[8]은	성 동쪽의 오얏꽃은

---

1. 가소롭다: 우습다. 가사의 첫머리에 흔히 등장하는 상투구로 '자조(自嘲), 자탄(自嘆)'의 의미를 지님.
2. 청춘수업: 청춘사업. 청춘이 성취할 만한 즐거운 일들. '입신양명, 연애' 등이 대표적임.
3. 빅두옹: 백두옹. 머리가 하얗게 센 늙은이.
4. 요슌셩딕: 요순성대. 중국 요(堯) 임금과 순(舜) 임금이 다스리던 태평 시절.
5. 틱평화죠: 태평화조. 태평 시절의 꽃과 새.
6. 강구연월: 큰 길거리에 달빛이 연기처럼 은은함. 평화로운 풍경.
7. 격양가: 격양가. 땅을 치며 부른 노래. 중국 요임금 때 노인들이 불렀다는 노래로, "해가 뜨면 일하고 해가 지면 쉰다네. 우물 파 물 마시고 논밭 갈아 밥 먹으니, 임금의 힘이 어찌 내게 미치리오.(日出而作 日入而息, 鑿井而飮 耕田而食, 帝力於我何有哉)"라는 내용. 태평한 시대는 왕이 있는지 없는지도 모르며 살아가는 시대라는 뜻으로, 이후 태평성대의 노래를 상징함.
8. 낙양성동 션리화: 낙양성동 선리화. 중국 당나라 시인 유희이(劉希夷, 651~679)의 〈대비백두옹(代悲白頭翁, 백두옹을 대신 슬퍼하며)〉의 제1구 '낙양성동도리화(洛陽城東桃李花)'를 변용한 말.

가지 〃〃 숯치펴니   가지마다 꽃이 피니

인왕순仁王山⁹의 쌕리바가   인왕산에 뿌리 박아

한강슈漢江水로 무을쥬어   한강수로 물을 주어

오빅열리五百年來¹⁰ 봄바람의   오백 년 봄바람에

화즁왕花中王¹¹니 되야서라   꽃 중의 왕 되었어라.

선리(仙李, 신선의 오얏꽃)는 이씨 왕조, 즉 조선을 오얏꽃에 비유한 말. 원래 선리(仙李)는 노자(老子)의 성씨 이(李)에서 기인하여 당나라 왕실인 이(李)씨를 표현하던 말인데 조선 왕조의 성씨 또한 이씨였기에 조선 왕실의 후손을 겸하여 표현한 것임. 중국 당나라 시인 두보(杜甫, 712~770)의 〈동일낙성북알현원황제묘(冬日洛城北謁玄元皇帝廟)〉에 "선리의 서린 뿌리가 크고, 의란의 잎이 밝게 빛나네.(仙李蟠根大 猗蘭奕葉光)"라는 구절이 있음.

9. 인왕순: 인왕산. 서울 서쪽의 산. 인왕은 불법(佛法)을 수호하는 금강신의 이름으로, 서울의 진산(鎭山) 중의 하나임. 동쪽의 낙산(駱山)은 좌청룡(左靑龍)으로, 서쪽의 인왕산은 우백호(右白虎)로 삼아 한양 도성을 구축함.

10. 오빅열리: 오백 년래. 오백 년 동안. 이본(異本)에서는 삼백 년 또는 사백 년 등으로 되어 있음. 조선은 1392년에 개국하였으므로, 이 구절을 통해 이 작품의 기록 시기가 1900년 즈음임을 짐작할 수 있음.

11. 화즁왕: 화중왕. 꽃 중의 왕. 전통적으로 화왕(花王)은 모란꽃을 말하는데, 본 작품에서는 이씨 조선을 찬양하기 위해 선리, 즉 오얏꽃을 화왕이라 칭함.

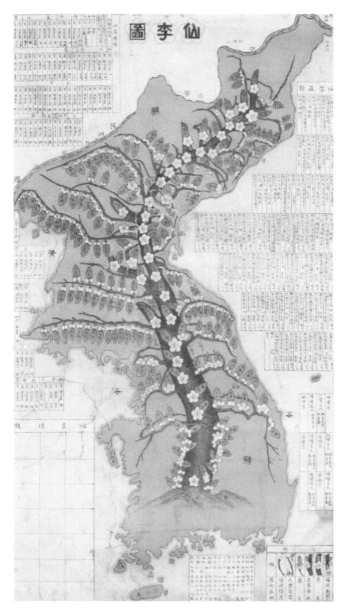

선리도仙李圖 (미상, 국립민속박물관 소장)

조선 후기에 유행한 그림으로, 오얏꽃 꽃잎마다 역대 왕들의 명칭이 적혀 있다.

동군의 즉위 잔치

시절時節은 밍춘孟春[1]이오   시절은 초봄이요

동군東宮[2]난 즉위시卽位時[3]라   우리 세자 즉위 시라

집춘문集春門[4] 놉피열고   집춘문을 높이 열고

츈당딕春塘臺[5]의 좌긔坐起[6]ᄒ사   춘당대에 집무 보니

빅관百官은 현화獻花[7]ᄒ고   모든 신하 꽃 바치고

---

1. 밍춘: 맹춘. 봄의 첫 달. 음력 정월.
2. 동군: 동궁. 다른 이본들에서는 동궁으로 쓰고 있음. 동궁(東宮)은 세자를 뜻하는 말로, 여기서는 익
   종(翼宗)을 칭하는 말로 추정됨. 이 작품은 1800년대 이후 지어졌는데, 1800년대 이후의 왕 중에서
   즉위 시기가 봄인 경우는 익종(翼宗, 재위: 음력 1827년 2월 9일~1830년 5월 6일)이 유일함. 이 점은 신
   경숙 교수(2010)가 소개한 단국대 소장 〈익종대왕 화소가〉에도 부합함. 한편 홍재휴 교수(2001)는
   이 동궁에 해당하는 왕을 정조(正祖, 재위: 음력 1776년 3월 10일~1880년 6월 28일) 또는 고종(高宗, 재
   위: 음력 1863년 12월 13일~1907년 10월 12일)이라 추정하였고, 신경숙 교수(상게 논문)는 동궁에 해
   당하는 왕을 순조(純祖, 재위: 음력 1800년 7월 4일~1834년 11월 13일)로 추정하였음. 다양한 주장이
   제기된 상황인데 이에 대해서는 학계의 논의가 더 필요함.
3. 즉위시: 임금의 지위에 오르는 때.
4. 집춘문: 집춘문. 봄을 모은다는 뜻의 문. 집춘문은 창경궁 동쪽에 있던 문으로 왕이 창경궁에서 나와
   성균관으로 거동할 때 이용했음.
5. 츈당딕: 춘당대. 창덕궁 후원의 넓은 터. 현재의 영화당 앞마당으로, 터가 넓어 말타기, 활쏘기 등의
   여러 행사를 했던 기록이 보임. 본 작품과 관련해서는 즉위식이 거행된 곳으로 보임.
6. 좌긔: 좌기. 집무를 시작함.
7. 현화: 헌화. 꽃을 바침.

창싱蒼生[8]은 고무鼓舞[9]ᄒ닉   모든 백성 춤을 추네.

서왕모西王母[10]의 천연도千年桃[11]은   서왕모의 복숭아로

우리성군聖君 츅슈祝壽[12]할시   임금 장수 기원할새

요지연瑤池宴[13]을 비셜排設[14]ᄒ니   요지의 잔치 여니

만죠빅화萬鳥百花[15] 다모엿다   새와 꽃이 다 모였다.

---

8. 창싱: 창생. 모든 백성.

9. 고무: 북을 치며 춤을 춤.

10. 서왕모: 서왕모. 도교에서 말하는 최고위 선녀. 곤륜산을 다스리는 선녀로 절세미인으로 묘사되기
    도 하고, 《산해경(山海經)》 등에서는 표범의 꼬리와 호랑이의 이빨을 한 모습으로 묘사되기도 함. 먹
    으면 불로장생한다는 복숭아의 소유자로 누구보다도 신성한 존재로 인정받음. 주나라 목왕(穆王,
    B.C. 992~922)을 맞이하여 잔치를 벌인 이야기, 한(漢)나라 무제(武帝, B.C. 156~87)를 방문하여 복
    숭아를 주었다는 이야기 등이 유명함.

11. 천연도: 천년도. 먹으면 불로장생한다는 전설상의 복숭아. 삼천 년에 한 번 열리는 신성한 복숭아로
    반도(蟠桃), 천도(天桃)라고도 함. 서왕모가 이 복숭아가 열리는 과수원을 관장하며 복숭아가 열리
    는 시기가 되면 모든 신선들을 초대해 연회를 베풀었다고 전함. 이 복숭아로 인하여 서왕모가 모든
    신선을 감독하는 여신으로 인정받음.

12. 츅슈: 축수. 장수를 기원함.

13. 요지연: 요지에서의 잔치. 요지는 상상의 산 곤륜산(崑崙山)에 있는 못. 곤륜산은 왼쪽에는 요지(瑤池)
    가 있고 오른쪽에는 취수(翠水)가 있으며 산 아래에는 약수(弱水)가 흐르고 있어 깃털 바퀴가 달린 바
    람 같은 수레가 아니면 갈 수 없는 선계로 알려져 있음. 서왕모가 다스리는 곤륜산에 주(周)나라 목왕(
    穆王, B.C. 992~922)이 어렵게 찾아오자 요지에서 잔치를 베풀었는데 이때 목왕이 너무나 즐거워 인간
    세계로 돌아가는 것을 잊어버려 자신의 나라가 혼란에 빠진 줄도 몰랐다는 이야기가 《열자(列子)》에
    전함.

14. 비셜: 배설. 잔치를 엶.

15. 만죠빅화: 만조백화. 온갖 새들과 꽃들.

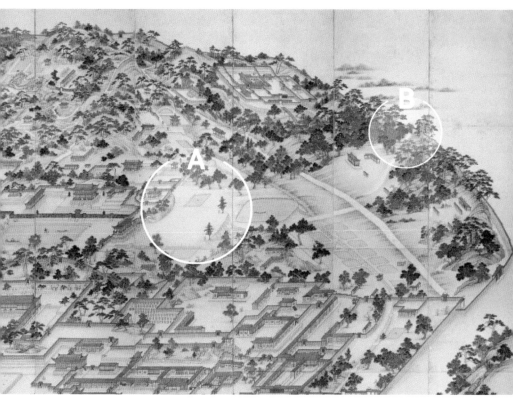

동궐도東闕圖 (미상, 19세기, 고려대학교 소장)

조선 후기에 그려진 동궐도에서 보이는 춘당대와 집춘문. A 부분이 창덕궁 후원의 춘당대. B 부분이 창경
궁에서 나가 성균관으로 가는 집춘문이다.

요지연도瑤池宴圖 (미상, 국립중앙박물관 소장)

요지연도는 주로 왕세자의 책봉 등 경사스런 날을 기념하기 위해 제작되는데, 그림은 서왕모가 주나라 목왕을 맞이하여 잔치하였던 고사를 내용으로 한다. 위의 그림은 병풍의 일부인데, 뜰에서 잔치상을 마련하고 앉은 서왕모, 그리고 그를 보필하는 선녀들과 음악을 연주하는 선녀들이 먼 데서 오는 신선들을 맞이하는 모습을 묘사하고 있다.

새들도 축하하네

말잘ᄒᆞᆫ 잉무鸚鵡시은 　　　　말 잘하는 앵무새는

만셰萬歲 〃〃 호만셰呼萬歲[1]요 　　만세 만세 외치고

글잘ᄒᆞᆫ 한림翰林시[2]은 　　　　글 잘하는 한림새는

군ᄌᆞ만연君子萬年[3] 츅슈祝壽ᄒᆞ고 　임금 장수 기원하네.

흉연긔진凶年氣盡[4] 빗쥭시[5]은 　　흉년 겪은 삐쭉새는

금연츈今年春을 근심마쇼 　　　올봄은 근심 마소

보리ᄌᆞ촉[6] 믹슉麥熟시[7]은 　　　보리 재촉 맥숙새는

믹슉麥熟 〃〃 우지진다 　　　　보리 익으라 지저귀네.

바지버슨 탈과시[8]은 　　　　　바지 벗은 뻐꾸기는

---

1. 호만셰: 호만세. 만세를 외침. 만세는 '만년'을 살라는 축원의 말.
2. 한림시: 한림새. 한림은 임금의 명령을 받아 글을 쓰는 기관으로 이곳 관리들은 글솜씨가 뛰어난데, 이를 활용하여 가상으로 지은 새 이름.
3. 군ᄌᆞ만연: 군자만년. 임금께서 만년 동안 복을 누림. 《시경(詩經)》에 "군자여 만년토록 큰 복을 누리소서.(君子萬年 介爾景福)"라는 표현이 있음.
4. 흉연긔진: 흉년기진. 흉년으로 인해 먹을 것이 없어 기운이 다함.
5. 빗쥭시: 삐쭉새. 종달새의 경상도 방언. 여기서는 '삐쩍 마른 새'라는 뜻임.
6. 보리ᄌᆞ촉: 보리재촉. 보리가 빨리 익으라고 재촉함.
7. 믹슉시: 맥숙새. 중국 송나라 소식(蘇軾, 1036~1101)의 〈오금언(伍禽言)〉에 "작년에는 보리가 안 익어 우리 고기 겨누더니(去年麥不熟 拗彈規我식)"라는 구절이 있는데 그 주석에 숲속에서 들리는 새의 울음소리가 "맥반숙(麥飯熟, 보리밥이 익는구나)"으로 들린다고 되어 있음. 이 새가 무엇인지는 미상.
8. 탈과시: 탈고새. 뻐꾸기 울음소리가 '탈고(脫袴)'로도 들려 뻐꾸기를 칭할 때 쓰는 말. 위 소식(蘇軾, 1036~1101)의 같은 시에 나오는 "시냇가의 뻐꾸기가, 나더러 해진 바지를 벗으라 권하네.(溪邊布穀

셜이한풍寒風 츕다마쇼　　　　　서리 한풍 걱정 말라

뒤동순 솟젹시[9]은　　　　　　뒷동산 소쩍새는

명여풍됴明年豊兆[10] 미리젼傳닉　내년 풍년 미리 전하네.

동창東窓의 시벽까치　　　　　동창의 새벽 까치

죠흔쇼식消息 젼ᄒ던가　　　　좋은 소식 전하려나.

비치죠흔 져쇠꼬리[11]　　　　　화려한 저 꾀꼬리

양유ᄉ楊柳絲[12]의 빗ᄶᄂ이야[13]　버들가지 베 짜내어

오식五色[14]실로 슈繡을노아　　오색실로 수를 놓아

곤룡포袞龍袍[15]을 지어닐ᄉ　곤룡포를 지어낼 때

한슈漢水가[16]의 져긔력이[17]　한강가의 저 기러기

우리셩군聖君 다시본다　　　　우리 임금 다시 본다.

兒 勸我脫破衫)"라는 구절에서 유래함.

9. 솟젹시: 소쩍새. 올빼미과의 새로 '소쩍소쩍' 하고 옮. 이 소리가 '솥이 적다, 솥이 적다'로 들려, 민간
  에서는 '풍년이 들어 솥이 적을 지경'으로 풀이하며 풍년을 예견하는 소리로 봄.

10. 명여풍됴: 명년풍조. 내년에 풍년이 들 조짐.

11. 쇠꼬리: 꾀꼬리. 아름다운 노란 빛깔을 하여 황조(黃鳥)라고도 부르는. 봄을 알리는 대표적인 새.

12. 양유ᄉ: 양류사. 실처럼 아래로 늘어진 버드나무의 가지.

13. 빗 ᄶᄂ이야: 베를 짜내어. 버드나무 사이를 드나드는 꾀꼬리의 모습을 실 사이를 드나드는 북처럼 보
  아 꾀꼬리가 베를 짠다고 표현함.

14. 오식: 오색. 파랑·노랑·빨강·하양·검정의 다섯 가지 빛깔.

15. 곤룡포: 곤룡포. 임금이 입는, 용의 무늬가 새겨진 옷.

16. 한슈가: 한수가. 문맥으로 볼 때 한강가를 뜻함.

17. 긔력이: 기러기. 철새로 가을에 와서 봄에 북쪽으로 날아감. 중국 한나라의 소무(蘇武, B.C. 140년경
  ~60년경)가 흉노의 포로로 잡혔는데, 기러기 발에 편지를 매달아 자신의 소식을 알렸던 데서 '편

강남_{江南}[18]이셔 나온제비[19] 　　　　　강남에서 나온 제비

봉각_{鳳閣}[20]의 ᄒ례_{賀禮}ᄒ닉 　　　　　　궁궐에 하례하네

바다우의 청조_{靑鳥}[21]시은 　　　　　　바다 위의 파랑새야

마고_{麻姑}[22]쇼식_{消息} 네알이라 　　　　마고 소식 아뢰어라.

비장충천_{飛將衝天}[23] 쵸부죠_{楚夫鳥}[24]안 　하늘 찌르는 초부새는

픽왕업_{覇王業}[25]을 경영_{經營}ᄒ고 　　　천하를 다스리고

지'를 전해 주는 새로 상징됨.

18. 강남: 중국의 양자강 이남 지역. 소주(蘇州), 항주(杭州) 등의 지역으로 예로부터 화려하게 번성한 도시임.

19. 제비: 제비. 여름 철새. 민속에서는 삼짇날에 강남에서 왔다가 10월 초 한로(寒露)가 지나면 강남으로 돌아간다고 믿음.

20. 봉각: 봉황이 그려진 누각. 여기서는 궁궐을 의미함.

21. 청조: 청조. 파랑새. 신선 세계에서 서왕모(西王母)를 모시는 새. 서왕모가 한(漢)나라 무제(武帝, B.C. 156~87)를 방문할 때 미리 와서 소식을 전함으로써 이후 '소식을 전하는 새'로 상징됨.

22. 마고: 중국 고여산(姑餘山)에 산다는 아름다운 선녀. 입고 있는 옷에서 불가사의한 빛이 나와 사람들을 현혹시키는데, 새처럼 긴 손톱을 가진 것이 특징임.

23. 비장충천: 비장충천. 장차 날면 하늘을 찌를 듯이 날아오름.

24. 쵸부죠: 초부조. 초나라 대장부 새. 초(楚)나라 장왕(莊王, ?~B.C. 591)의 '불비불명(不飛不鳴)'이란 고사를 활용한 명명. 초장왕이 즉위 후 3년 동안 정사를 게을리하자 신하가 그에게 "3년을 날지도 않고 울지도 않으면(不飛不鳴) 그것도 새라 할 수 있습니까?"라고 물으니, 그가 "3년을 날지도 않고 울지도 않았지만, 한번 날면 하늘을 찌르고 한번 울면 천하를 흔든다."고 대답하였던 데서 유래한 명칭.

25. 픽왕업: 패왕업. 패왕의 사업. 위력으로 천하를 다스리는 일.

도슨연월塗山年月[26] 청구靑邱식[27]은

틱평셩딕太平聖代 만나쇠야

월상씨越裳氏[28]의 혼빅치獻白雉[29]은

틱묘太廟[30]우의 올나잇고

영쇼靈沼[31]우의 져홍안鴻雁[32]은

우리인군人君 도라보다

조선 개국 청구새는

태평성대 만났구나.

월상씨가 바친 흰 꿩

종묘 위에 올라 있고

연못 위의 기러기는

우리 임금 돌아본다.

---

26. 도슨연월: 도산연월. 도산(塗山)은 중국의 하우씨(夏禹氏, B.C. 2100년경~2000년경)가 홍수를 다스린
   뒤 그 공을 알리기 위해 제후들을 모았던 곳. 이후 단군이 이곳으로 거처를 옮겼는데 이로써 '도산
   연월'은 조선의 시작 연대를 말함.

27. 청구식: 청구새. 청구는 푸른 언덕이란 뜻으로 우리나라를 칭함.

28. 월상씨: 중국 남쪽 월상국에 살던 오랑캐. 월상국은 지금 베트남의 북쪽 지역에 해당함.

29. 혼 빅치: 헌백치. 백치를 헌상함. 백치는 흰 꿩. 주(周)나라 성왕(成王, B.C. 10세기경) 때 남쪽 오랑캐
   월상씨가 흰 꿩을 바치며 "하늘의 모진 바람과 바다의 험한 파도가 사라진 지 3년이나 되니, 아마도
   중국에 성인이 있는 것입니다."라고 한 데서 나온 말. 이후 '백치'는 성인의 나라에 바친 예물이나
   제물을 뜻함.

30. 틱묘: 태묘. 종묘의 별칭. 역대 임금과 왕비의 위패를 모신 왕실의 사당.

31. 영쇼: 영소. 중국 주(周)나라 문왕(文王, B.C. 1152~1056)이 만든 궁궐 안의 연못. 평화로운 시대의
   평화로운 공간을 의미함.

32. 홍안: 큰 기러기와 작은 기러기.

중국도中國圖

조선후기에 유행하던 지도로 서울 역사 아카이브 등 몇 곳에 소장되어 있다. 위의 그림과 명칭은 서울역사박물관에 소장된 중국도(유물번호 서13193)를 우리 필진※4이 재구성한 것이다. A는 강남 지역, B는 서왕모가 사는 곤륜산(고여산), C는 초나라, D는 월상씨(중국 남쪽, 베트남 북쪽 지역), E는 영소가 있었던 주나라 영토이다.

관 _"_ 져구關關雎鳩 군ㅈ호구君子好逑[33]

짝을불너 화답和答 ㅎ고

귀비아 _"_ 歸飛啞啞[34] 반포죠反哺鳥[35]난

시즁의은 효ㅈ孝子로다

노ㅈ비鸕鷀杯[36]을 가득 부어

천연향슈千年享壽[37] 비나이다

끼룩끼룩 물수리는

짝을 불러 화답하고

까악까악 까마귀는

새 중의 효자로다.

노자배로 술 드리니

천년 장수 누리소서.

노자작鸕鷀杓 (중국 하남성 출토)

손잡이의 새머리가 가마우지 모양을 한 국자이다. 술을 따를 때 사용한 것으로 8개의 꽃잎과 어우러져 있다.

앵무배鸚鵡杯 (중국 정주대상도자박물관 소장)

화려한 모양을 지닌 술잔으로, 우리나라에서도 왕이 종친이나 신하에게 하사한 귀중한 물품 중의 하나이다.

---

33. 관 _"_ 져구 군ㅈ호구: 관관져구 군자호구.《시경(詩經)》의 "끼룩끼룩 물수리는 황하 모래톱에 있네. 아리따운 아가씨는 군자의 좋은 짝이지.(關關雎鳩 在河之洲 窈窕淑女 君子好逑)"를 줄인 구절. 져구(雎鳩)는 물수리 또는 징경이. 이 구절은 남녀가 서로 사랑을 구하며 정겹게 지내는 모양을 표현한 것임.

34. 귀비아 _"_ : 귀비아아. "까마귀가 돌아오며 까악까악 욺." 당나라 이백(李白, 701~762)의 〈오야제(烏夜啼)〉에 나온 "노을 지는 성 주변으로 까마귀 깃들고자, 돌아오며 까악까악 가지 위에 울고 있네.(黃雲城邊烏欲棲 歸飛啞啞枝上啼)"에서 따온 구절.

35. 반포죠: 반포조. 반포(反哺)는 되먹인다는 뜻. 까마귀가 자라면 늙은 어미에게 먹을 것을 물어다 주는 것으로 알려져 있는데 이로 '반포조'는 효성스러운 까마귀를 칭함.

36. 노ㅈ비: 노자배. 노자, 즉 가마우지 모양의 잔. 아름답고 낭만적인 술자리의 대유. 당나라 이백(李白, 701~762)의 〈양양가(襄陽歌)〉에 "가마우지 국자여, 앵무새 잔이여, 백 년 삼만 육천 날에, 하루 삼백 잔씩 기울여야지.(鸕鷀杓 鸚鵡杯 百年三萬六千日 一日須傾三百杯)라는 구절이 있음.

37. 천연향슈: 천년향수. 천년 동안 수명을 누림.

꽃들도 축하하네

황중花中의는 무슨꽃치
왕王니런고
목단牧丹¹쏘치 왕王니너라
아침마다 이슬바다
승노반承露盤²의 가득실러
화부천관 슉경이花覆千官淑景移³에
쇼산빈흔 남슌쉬小臣拜獻南山壽⁴라
보기조흔 즈약화芍藥花⁵은

꽃 중에는 무슨 꽃이
왕이런가
모란꽃이 왕이로다.
아침마다 이슬 받아
옥쟁반에 가득 담아
꽃 만발한 햇살 속에
임금 장수 절 드리네.
보기 좋은 작약꽃은

---

1. 목단: 모란. 5월경에 피는 꽃. 크고 화려한 꽃의 모습으로 인해 화중왕(花中王)으로 불림.
2. 승노반: 승로반. 한(漢)나라 무제(武帝, B.C. 156~87)가 궁궐에 설치한 구리 쟁반. 이슬을 받아 옥가루를 타서 마시면 불로장생한다고 전함.
3. 화부천관슉경이: 화부천관숙경이(花覆千官淑景移). "꽃은 온 신하를 덮었으니 맑은 햇살이 움직이도다." 당나라 시인 두보(杜甫, 712~770)의 〈자신전퇴조구호(紫宸殿退朝口號)〉에 나온 "향기는 온 궁궐에 퍼지니 봄바람이 옮기고, 꽃은 온 신하를 덮었으니 맑은 햇살이 움직이네.(香飄合殿春風轉 花覆千官淑景移)"에서 따온 구절.
4. 쇼산빈흔남슌쉬: 소신배헌남산수(小臣拜獻南山壽). "소신은 절하며 남산과 같은 영원한 수명을 바치옵니다." 당나라 시인 이백(李白, 701~762)의 〈춘일행(春日行)〉에 나오는 "소신은 절하며 남산과 같은 영원한 수명을 바치오니, 폐하의 크신 이름 만고에 드리우소서.(小臣拜獻南山壽, 陛下萬古垂鴻名)"에서 따온 구절.
5. 즈약화: 작약화. 함박꽃이라고도 불리며, 꽃이 크고 탐스러워 목단과 더불어 귀족적인 꽃으로 여겨져 궁궐 등에서 관상용으로 길러짐. 목단이 화중왕(花中王)을 상징한다면 작약은 재상(宰相)을 상징함.

삼정승三政丞[6]을 사마잇고   삼정승을 삼아 두고

이화도화李花桃花[7] 만발滿發 흔듸   이화도화 만발하니

빅관슈령百官守令[8] 흣터잇다   백관수령 흩어진 듯.

알송달송[9] 금문金銀 옺[10] 흔   알록달록 금은화는

빅과슈령百官守令 관듸冠帶[11]되고 백관수령 관대 되고

샋리검짜 금슈錦繡옺[12] 흔   뿌리 검은 금수화는

빅관슈령百官守令 스모紗帽[13]되고 백관수령 모자 되고

휘〃친〃[14] 열리連理옺[15] 흔   칭칭 감긴 연리꽃은

빅관슈령百官守令 각듸角帶[16]되고 백관수령 각대 되네.

빗치누른 장미薔薇옺흔   빛이 노란 장미꽃은

---

6. 삼정승: 삼정승. 영의정(領議政), 좌의정(左議政), 우의정(右議政).

7. 이화도화: 오얏꽃과 복숭아꽃. 오얏꽃은 현대어로 자두꽃. 이 둘은 봄 흥취를 돋우는 대표적인 꽃.

8. 빅관슈령: 백관수령. 모든 벼슬아치와 각 고을을 맡아 다스리던 지방관들.

9. 알송달송: 알쏭달쏭. 여러 가지 빛깔로 된 점이나 줄이 뒤섞여 무늬를 이룬 모양.

10. 금문옺: 금은화. 단국대 소장본 《익종대왕 화소가》와 《조선민요집성》의 〈화조가〉에서는 금은화로
  표기되어 있음. 금은화는 인동덩굴(=인동초)의 꽃으로 겨울을 견디며 뻗어나가기 때문에 장수를 상
  징함. 전통적으로 꽃무늬와 덩굴무늬가 결합된 장식무늬로 사용됨.

11. 관듸: 관대. 관복(官服). 옛 관리들의 공식 의복.

12. 금슈옺: 금수화. 비단으로 수놓은 꽃.

13. 스모: 사모. 관복을 입을 때에 쓰던 검은 비단으로 만든 모자.

14. 휘〃친〃: 휘휘친친. 휘돌려 칭칭 감은 모양.

15. 열리옺: 연리꽃. 연리지(連理枝)를 변용한 말. 연리지는 서로 다른 가지가 맞닿아 하나로 된 나뭇가
  지. 인하여 화목한 부부애를 상징함.

16. 각듸: 각대. 관복에 두르는 띠.

묵모란도墨牡丹圖
(심사정沈師正, 1706~1769, 국립중앙박물관 소장)

전허난설헌필작약도傳許蘭雪軒筆芍藥圖
(허난설헌蘭雪軒許氏, 1563~1589 추정, 국립중앙박물관 소장)

삼빅궁녀三百宮女[17] 빈혀되고   삼백 궁녀 비녀 되고

쓜신붉근 홍도화紅桃花[18]은   붉고 붉은 복숭아꽃

삼빅궁녀三百宮女 치미되고   삼백 궁녀 치마 되네.

오동제월梧桐霽月[19] 봉선화鳳仙花[20]은   오동 달밤 봉선화는

미인美人보고 반겨ᄒᄂᆝ   미인 보고 반겨 하고

명사십니鳴沙十里[21] 히당화海棠花[22]은   모래밭의 해당화는

양귀비楊貴妃[23]을 희롱戱弄ᄒ고   양귀비를 희롱하네.

시상연월柴桑烟月[24] 쳐ᄉᆞ국處士菊[25]은   달빛 속의 처사 국화

도연명陶淵明[26]을 버즐삼고   도연명을 벗 삼는데

---

17. 삼빅 궁녀: 삼백궁녀. 일반적으로 많은 궁녀를 지칭할 때 삼천 궁녀(三千宮女)라고 하는데, 여기서는 삼백 궁녀라고 표현함.

18. 홍도화: 붉은 복숭아꽃.

19. 오동제월: 오동제월. 오동나무에 비친 깨끗한 달빛. 뒤의 봉선화와 호응하는데, 봉선화(鳳仙花)에 들어간 봉(鳳)이 오동나무의 열매를 먹는다는 데서 연상된 구절로 짐작됨.

20. 봉선화: 봉선화. 여름에 피어, 여인의 손톱을 물들이던 데 사용되던 꽃.

21. 명사십니: 명사십리. 10리나 펼쳐진 사각사각 소리가 나는 고운 모래밭.

22. 히당화: 해당화. 강가나 바닷가에서 자라며, 여름에 붉은 꽃을 피움. 당 현종이 양귀비가 취해 잠든 모습이 꽃처럼 아름답다 하여 '해당화'에 비유한 이야기가 전함.

23. 양귀비: 당나라 현종의 귀비(貴妃)였던 양옥환(楊玉環, 719~756). 꽃처럼 아름다운 자태로 인해 때때로 '해당화'로 불리기도 함.

24. 시상연월: 시상은 중국 강서성(江西省) 구강시(九江市) 서남쪽 지역으로 도연명(陶淵明, 365~427)이 태어난 곳. 연월(煙月)은 안개 속에 보이는 은은한 달을 뜻하는 말로, 편안한 세월을 의미함.

25. 쳐ᄉᆞ국: 처사국. 국화. 늦가을에 고고하게 피어나는 특징으로 초야(草野)에 묻혀 벼슬하지 않고 살아가는 처사(處士)에 비유됨.

26. 도연명: 중국 동진 때의 시인. 이름은 도잠(陶潛, 365~427), 연명은 호. 중국 역사상 가장 유명한 은

줄긔죠흔 츈단화趣壇花[27]은

무산일로 니 치신고

월궁계슈月宮桂樹[28] 노푼가지

눌쥬려고 피여던고

작"도화灼灼桃花[29] 만발滿發ᄒ니

의긔가인宜其家人[30] 거록ᄒ다

장안호걸長安豪傑 쇼년少年들은

힝화쵼杏花村[31]을 차즈가고

줄기 이쁜 지당화는

무슨 일로 내치셨나.

월계수 높은 가지

누구 위해 피었는가

흐드러진 복숭아꽃

시집가는 여인이네.

장안호걸 소년들은

살구꽃마을 찾아가고

사(隱士). 대표작인 〈귀거래사(歸去來辭)〉에 "세 갈래 오솔길은 거칠어졌건만, 소나무와 국화는 오
히려 그대로구나.(三徑就荒 松菊猶存)"라는 구절로 인하여 그와 국화는 긴밀한 관계를 맺게 됨.

27. 츈단화: 춘단화. 지당화의 별칭. 봄에 노란 꽃을 피워 황매화라고도 함. 이규보(李奎報, 1168~1241)
의 〈논지당화기이소경(論地棠花寄李少卿), 지당화를 논하여 이소경에게 보냄)이라는 시에 "임금
이 남긴 꽃은 어류화(御留花)가 되고, 이 꽃은 쫓김을 당해 춘단화라 한다네.(帝所留者是御留 此花見
黜名黜壇)"라는 구절이 있음.

28. 월궁계슈: 월궁계수. 달나라 궁전에 있다는 계수나무.

29. 작"도화: 작작도화. 화려하게 핀 복숭아꽃. 작작은 몹시 화려하게 핀 꽃의 모양을 형용한 표현.《시
경(詩經)》에 "작고 어린 복숭아여, 그 꽃이 화려하네.(桃之夭夭 灼灼其華)"라는 구절이 있음.

30. 의긔가인: 의기가인. '마땅히 그 집 사람이다'란 의미.《시경(詩經)》에 "작고 어린 복숭아여, 그 잎이
무성하도다. 이 아가씨 시집감이여, 그 집안 사람에게 마땅하리라.(桃之夭夭 其葉蓁蓁 之子于歸 宜其
家人)"는 구절이 있음.

31. 힝화쵼: 행화촌. 살구꽃이 피어 있는 마을. 중국 당나라 시인 두목(杜牧, 803~852)의 〈청명(淸明)〉에
"술집 주막 어디 있는가 물으니, 목동은 멀리 살구꽃 핀 마을을 가리키네.(借問酒家何處有 牧童遙指
杏花村)"란 구절이 있는데, 여기에서 유래하여 아가씨와 술이 있는 마을을 의미함.

틱화봉두太華峰頭[32] 옥정연玉井蓮[33]은　태화산의 연꽃들은

틱을션인太乙仙人[34] 빅가되고　신선 타는 배가 되고

분고합영分枯合榮 주형화紫荊花[35]　말랐다 핀 자형화는

형제兄弟간의 우익友愛 호고　형제간의 우정일세.

유쵸싱졍有草生庭[36] 명협화蓂莢花[37]은　뜰에 핀 달력풀은

셩상츈츄聖上春秋[38] 헤아리며　임금 춘추 헤아리며

삼쳔갑즈 동방삭三千甲子東方朔[39]은　삼천갑자 동방삭은

---

32. 틱화봉두: 태화봉두. 중국 오악의 하나인 화산(華山)에 있는 태화봉의 꼭대기.

33. 옥졍연: 옥정연. 화산 꼭대기에 있는 옥정(玉井)에서 자라는 연꽃.

34. 틱을션인: 태을선인. 선인은 도교의 이상적 존재이며, 태을은 그중 최고의 신선.

35. 분고합영 주형화: 분고합영 자형화. 나누면 말라 죽고 합하면 꽃이 피는 자형화. 붉은 가시나무에 피는 꽃이라는 뜻으로 우리나라에서는 박태기나무꽃이라 하며 4월에 붉은 꽃이 핌. 이 꽃은 형제의 우애를 뜻하는데, 중국 문헌《속제해기(續齊諧記)》에 다음과 같은 이야기가 전함.
"수나라의 서울에 전(田)씨 삼 형제가 유산을 공평하게 나누려고 집 앞에 있던 자형수(紫荊樹)도 삼 등분하고자 하였다. 그런데 자르려고 가니 나무가 이미 말라죽어 있었다. 형이 놀라서 아우들에게 "나무는 본래 한 그루터기였는데 잘라 나눈다는 말을 듣고 말라버렸으니 우리가 나무보다 못하구나!"라고 말하며 나무를 자르지 않았다. 그 말을 들었던지 자형화에 꽃이 다시 피고 무성하게 되니, 형제들도 감동하여 재산을 나누지 않고 우애롭게 잘 지냈다."

36. 유쵸싱졍: 유초생정. 뜰에서 자라는 풀.

37. 명협화: 요임금 때 났다는 전설상의 풀. 월초에 하루 한 잎씩 나서 보름에 15잎이 되고 16일부터 한 잎씩 떨어지므로 '달력풀'이라고도 함.

38. 셩상츈츄: 성상춘추. 임금의 나이에 대한 존칭의 표현.

39. 삼쳔갑즈 동방삭: 삼천갑자 동방삭. 1갑자는 60년이므로 삼천갑자는 18만 년. 동방삭은 중국 한나라 때의 사람으로 해학과 변설로 이름이 난 자. 먹으면 불로장생한다는 서왕모의 복숭아를 훔쳐 먹고 사라져 버렸기에 세상에서는 신선이 되었다고 여김. 이후 오래 사는 사람을 '삼천갑자 동방삭'이라고 비유함.

산수인물도山水人物圖 (미상, 국립중앙박물관 소장)

서왕모의 선도仙桃 과수원에서 선도를 바라보는 동방삭을 그린 그림이다. 동방삭도東方朔圖라고도 한다. 이 선도를 세 개 훔쳐 먹어 3천 갑자를 살게 되었다고 한다.

벽도화碧桃花⁴⁰을 진지혼다　천연도를 진상한다.

반기올수 딕명홍은大明弘恩⁴¹　반갑구나 명의 은혜

우리죠션朝鮮 의탁依託 ᄒ야　우리 조선 기대어서

딕보단大報壇⁴²의 샥리박고　대보단에 뿌리박고

한강슈漢江水로 물을 쥬어　한강수로 물을 주어

일편단튱一片丹忠 쵹규화蜀葵花⁴³로　일편단심 해바라기

틱양ᄒ太陽下의⁴⁴ 버즐숨아　태양 아래 벗을 삼아

금년화 스거년화今年花似去年好⁴⁵에　매년 피는 꽃과 같이

만셰萬歲 〃 〃 되옵쇼셔　만세 만세 누리소서.

---

40. 벽도화: 푸른 복숭아 꽃. 벽도는 먹으면 불로장생한다는 전설상의 복숭아. 삼천 년에 한 번 맺히는
　　신성한 복숭아로 반도(蟠桃), 천도(天桃)라고도 함. 서왕모가 이 복숭아가 열리는 과수원을 관장하
　　며 복숭아가 열리는 시기가 되면 신선들을 초대해 연회를 베풀었다고 전함.

41. 딕명홍은: 대명홍은. 명나라의 넓은 은혜.

42. 딕보단: 대보단. 조선시대에 명(明)나라 황제를 제사 지낸 사당으로 창덕궁 서북쪽에 위치함.

43. 일편단튱 쵹규화: 일편단충 촉규화. 일편단충은 한 조각 붉은 충성. 촉규화는 해바라기. 고전에 나오
　　는 촉규(蜀葵)는 2종임. 주로 접시꽃을 칭하지만 혼용되어 해바라기를 칭하기도 함. 그것은 촉규(蜀
　　葵)와 향일규(向日葵, 해바라기)에 모두 규(葵)가 들어가 혼동을 일으키기 때문임. 여기서는 해바라
　　기를 뜻함. 해바라기가 해를 바라보는 모습을 신하가 임금을 바라보는 충심에 빗댄 것임.

44. 틱양ᄒ: 태양하. 태양 아래. 해바라기는 속설에 해를 따라 방향을 움직이므로 향일규(向日葵)라고도
　　하는데 이에 '태양을 벗 삼는다'고 표현함.

45. 금년화스거년화: 금년화사거년호. 금년에 핀 꽃은 작년에 핀 꽃과 다름없이 아름다움. 중국 당나라 시
　　인 잠삼(岑參, 715~770)의 〈위원외가화수가(韋員外家花樹歌)〉에 나오는 "금년 꽃이 작년과 같이 아름
　　다운데, 작년 사람은 올해 들어 늙었네(今年花似去年好, 去年人到今年老)"라는 구절에서 유래함. 후구와
　　연결해 보면, 우리의 임금 또한 꽃처럼 변함없는 아름다움과 장수를 바란다는 의미로 풀이됨.

2

악양누マ

〈악양루가岳陽樓歌〉는 중국 3대 누각의 하나인 악양루를 찬미한 작품이다. 현재 전하는 〈악양루가〉의 이본은 《증보신구시행잡가增補新舊時行雜歌, 1915년》에 1종, 《악부樂府, 1920년대》에 2종, 《가사집歌詞集, 1936년》에 1종 수록되어 있고, 이외, 구활자본 소설 《약산동대藥山東臺, 1913년》에 삽입가요로 축약되어 들어간 1종, 그리고 가사문학관에서 온라인으로 제공하고 있는 필사본 3종이 더 있다.

10종에 이르는 여타의 이본들에 비해, 본 책에 수록된 〈악양루가〉는 두 가지 측면에서 주목할 만하다. 하나는 필사 연대가 1900년으로 가장 빠르다는 점, 다른 하나는 다른 본에 비해 내용이 많고 분량이 풍부하다는 점이다. 결국 가장 선본善本인 셈이다.

본 책에 수록된 작품의 구조는 크게 (1) 악양루의 건축 - (2) 노래와 시의 봉헌 - (3) 여인들의 축하 - (4) 문사들의 명구 소개로 되어 있다. (1) 건축 과정에서는 천하의 명공들을 나열하고, (2) 노래와 시에는 전설적인 악공들과 중국 당송唐宋의 풍류묵객을 거론하였으며, (3) 여인들의 축하에는 역사적 중국 미녀들과 도교의 선녀들을 보이고, (4) 문사들의 명구 소개에는 악양루에서 바라보는 동정호의 풍경과 관련된 명시들을 소개하고 있다.

흥미로운 것은 이 작품에 등장하는 이들은 신라의 최치원을 제외하고는 모두 중국 인물들이라는 점이다. 그것은 악양루가 중국의 문물이라는 점이 크게 작용했을 것이고, 또 이 노래의 향유 목적 자체를 가장 화려한 경치와 고급 문화의 탐닉에 둔 결과라 하겠다.

악양루도岳陽樓圖 (안정문安正文, 1700년경, **중국, 상해박물관 소장**)

악양루는 중국 호남성湖南省에 있는 누각으로 이곳에서 동정호洞庭湖를 한눈에 내려다 볼 수 있다. 중국 3대 누각 중 하나이며, 중국의 대표적인 명승지로 꼽히는 곳이다. 동정호와 누각의 빼어 난 절경으로 많은 문인이 이곳을 찾아 시문을 지었다.

악양루를 세워보자

악양누(岳陽樓)[1] 놉푼집을
뉘라셔 지어더고
아미슨(峨眉山)[2] 쇼즈쳠(蘇子瞻)[3]과
칙셕강(采石江)[4] 니젹션(李謫仙)[5]이
옥경누(玉京樓)[6] 향안젼(香案前)[7]의
황졍경(黃庭經)[8] 오독(誤讀)ᄒ고

악양루 높은 집을
누구라서 지었던가.
아미산 소동파와
채석강 이태백이
옥경루 향안 앞에
《황정경》 잘못 읽어

---

1. 악양누: 악양루. 중국 호남성(湖南省)에 있는 누각. 등왕각(滕王閣), 황학루(黃鶴樓)와 함께 중국의 3
   대 누각으로 꼽힘. 동정호(洞庭湖)의 동쪽에 위치해 있으며, 당나라 시인 두보(杜甫, 712~770)의 〈등
   악양루(登岳陽樓)〉를 비롯한 많은 노래와 글의 소재가 됨.
2. 아미슨: 아미산. 중국 사천성(泗川省) 서남쪽에 있는 산. 두 봉우리가 마주 보고 있는 것이 미인의 눈
   썹을 닮았다 하여 붙여진 이름.
3. 쇼즈쳠: 소자첨. 중국 송나라 사천성(泗川省) 출신의 문인 소식(蘇軾, 1036~1101). 자첨은 자(字). 소
   동파(蘇東坡)로 잘 알려져 있으며, 시(詩), 사(詞), 부(賦), 산문(散文) 등 모두에 능해 당송팔대가(唐宋
   八大家)로 꼽힘.
4. 칙셕강: 채석강. 중국 안휘성(安徽省)에 위치한 강. 당나라 시인 이태백(李太白, 701~762)이 술에 취해 뱃놀
   이를 하며 강에 비친 달을 잡으려고 물에 뛰어들었다가 고래를 타고 신선이 되었다는 이야기가 전함.
5. 니젹션: 이적선. 이적선은 당나라 시인 이태백의 별칭. 적선(謫仙)은 인간 세상에 귀양 온 신선을 의
   미함. 하지장(賀知章, 659~744)이 이태백의 글을 보고 감탄하며 '그대는 적선인(謫仙人)이오'라고 한
   데서 유래함.
6. 옥경누: 옥경루. 옥황상제가 사는 천상의 도시에 있는 궁궐.
7. 향안젼: 향안전. 향로를 올려놓는 탁자 앞. 신하가 올리는 물건을 놓는 곳이라는 점에서 임금께 아뢰
   는 자리를 의미함.
8. 황졍경: 황정경. 도교 경전의 하나. 이것을 잘못 읽으면 인간 세상으로 귀양 온다고 하는 전설이 있음.

인간의 적하_{謫下}[9]호야   인간 세계 유배 와서

사유전_{隨柳殿}[10] 지으려고   수류전을 지으려고,

광한전_{廣寒殿}[11] 지은양공_{良工}[12]   광한전 지은 목공

직장윤여_{梓匠輪輿}[13] 다쳥_請호야   좋은 인부 다 불러서

옥부_{玉斧}[14]을 둘너메고   옥도끼를 둘러메고

월궁_{月宮}[15]의 깁피들러   월궁에 깊이 들어

션딕_{蟾坮}남[16] 단계슈_{丹桂樹}[17]을   달 속의 붉은 계수

일시_{一時}에 버혀닉야   한 번에 베어 내어

도료편_{祖龍鞭}[18] 비러다가   조룡편을 빌려다가

---

9. 적하: 적하. 유배 내려옴.

10. 사유전: 수류전. 다른 이본들에는 수류전(隨柳殿) 또는 소요정(逍遙亭)으로 되어 있음. 수류전은 '방화수류전(訪花隨柳殿, 꽃을 찾아 버들길을 따라가는 듯한 집)'의 준말. '소요정'은 한가로이 머무는 정자. 어느 것이나 '아름다운 거처'를 뜻함.

11. 광한전: 광한전. 달 속에 있다는 상상의 궁전. 항아(姮娥)가 산다고 전함.

12. 양공: 기술이 뛰어난 공인.

13. 직장윤여: 재장윤여. 재장은 나무를 다루는 목수. 윤여는 수레를 다루는 수레공.

14. 옥부: 옥도끼. 도끼의 미칭(美稱).

15. 월궁: 달에 있는 궁전. 도교에서는 달에 신선이 사는 궁궐이 있다고 믿음.

16. 션딕남: 섬대의 남쪽. 섬대는 달의 별칭으로 달 속에 두꺼비[蟾]가 살고 있다고 하여 일컫는 말. '남'은 나무로 볼 여지도 있으나, 이용기가 채록한 《악부(樂府), 1920년대》의 〈악양루가〉에는 '南'이라고 수록하여 놓았음.

17. 단계슈: 단계수. 붉은 계수나무. 달에서 자란다고 함.

18. 도료편: 조룡편(祖龍鞭). 조룡의 채찍. 조룡은 진시황의 별칭. 진시황이 동해에 해 뜨는 것을 보려고 바다에 돌다리를 놓으려 하자, 귀신이 돌을 채찍질하여 바다로 몰아넣었다는 전설에 등장하는 채찍.

호야허呼耶許¹⁹ 흔 곡죠曲調예   어영차 한 곡조로

옥셕玉石을 지질²⁰ᄒ여   옥돌을 다듬어서

불일셩지不日成之²¹ᄒ온후後예   하루 만에 지은 후에.

---

19. 호야허: 어영차 외침. 나무를 찍는 등의 노동을 할 때 외치는 소리.《용재총화(慵齋叢話)》에 "나무
     찍는 소리는 '정정'하는데 옷을 벗어 '야허'를 외치도다.(伐木聲丁丁 袒裼呼耶許)"라는 구절에서
     확인됨.
20. 지질: 채질. 채찍질. 위의 조룡편에 호응하는 말로, 채찍으로 돌을 다루어 제자리에 들어맞게 함.
21. 불일셩지: 불일성지. 하루가 안 걸려 완성함.

낙성연을 성대히

니장길李長吉[1] 왕즈안王子安[2]을   이장길 왕자안을

학거鶴車[3]로 마즈다가   학 수레로 맞이하여

금심슈두錦心繡口[4] 죠흔글노   비단 같은 좋은 글로

상냥문上樑文[5] 경영經營 ᄒ고   상량문을 지어내고

오도즈吳道子[6] 고기지顧愷之[7]을   오도자 고개지를

츠릭次例로 불너다가   차례로 불러다가

셔쵹西蜀에 빗ᄂ단쳥丹靑[8]   촉나라 단청으로

---

1. 니장길: 이장길. 당나라 시인 이하(李賀, 790~816). 장길은 그의 자(字). 당나라의 천재 시인으로 7세에 〈고헌과(高軒過)〉를 지어 한유(韓愈, 768~824)를 경탄케 했다고 전함. 그가 요절하자 당시 사람들은 천상에서 백옥루(白玉樓)의 기문(記文)을 짓게 하고자 데려갔다고 생각했다는 일화가 전함.
2. 왕즈안: 왕자안. 당나라 시인 왕발(王勃, 650~676). 자안은 그의 자(字). 초당(初唐) 문인을 대표하는 인물로 〈등왕각서(滕王閣序)〉로 유명함.
3. 학거: 학이 끄는 수레. 신선의 수레.
4. 금심슈두: 금심수구. 비단같이 아름다운 생각과 수놓은 듯이 아름다운 말. 또는 글을 짓는 재주가 뛰어난 사람.
5. 상냥문: 상량문. 건물을 지을 때에 기둥에 들보를 얹는 상량(上樑)을 축하하기 위해 짓는 글.
6. 오도즈: 오도자(吳道子, 686년경~760년경). 당나라의 화가. 원 이름은 오도자이나 당 현종의 명에 따라 이름을 오도현(吳道玄)으로 바꿈. 흥경궁(興慶宮)에 가릉강(嘉陵江) 3백여 리 경치를 하룻밤에 그려냈다는 이야기로 유명함.
7. 고기지: 고개지(顧愷之, 344~406년경). 중국 동진의 화가. 송나라 육탐미(陸探微, ?~?), 양나라 장승요(張僧繇, 502년경~557)와 함께 육조시대에 중국 미술의 기틀을 닦은 3대 화가에 속함. 〈여사잠도(女史箴圖)〉, 〈낙신부도(洛神賦圖)〉 등의 인물화를 많이 남김.
8. 셔쵹에 빗ᄂ 단쳥: 서촉의 빛나는 단청. 서촉은 중국 삼국시대의 촉나라. 단청은 건물의 벽, 기둥, 천

식色〃이 긔려두고   형형색색 그려두고

청풍현清風軒 명월호明月戶⁹을   맑은 바람 달 밝은 창

반공즁半空中의 놉히열고   반공중에 높게 열고

셩연成宴¹⁰을 비셜排設 호제   낙성연을 크게 여니

풍경風景을 가쵸뫼라   온갖 풍경 갖추었네.

장 등에 붉고 푸르게 장식한 그림. 서쪽 땅에서 좋은 염료가 나왔다 하여 '서촉단청'이라고 함.

9. 청풍현 명월호: 청풍헌 명월호. 청풍이 불어오는 집, 밝은 달이 비치는 집. 여러 건물의 모습을 말함.

10. 셩연: 낙성연의 줄임말. 낙성연은 건물의 완공을 축하하는 잔치.

음악이 없을쏘냐

왕ᄌ진王子晉의 봉鳳필이[1]오

농옥弄玉의 옥통소玉洞簫[2]와

셜연ᄌ成蓮子의 거문고[3]와

곽쳐ᄉ郭處士의 죽장고竹杖鼓[4]와

홍두구紅豆謳 치련곡采蓮曲[5]을

흥興잇게 놉히불너

만고절창萬古絕唱 다모혀서

일장풍유一場風流 장관壯觀이라

왕자진의 봉피리

농옥의 옥통소와

성련자의 거문고와

곽처사의 죽장구로

〈홍두구〉와 〈채련곡〉을

흥 있게 높이 불러

만고절창 다 모이니

한바탕 장관이라.

---

1. 왕ᄌ진의 봉필이: 왕자진의 봉피리. 왕자진은 주(周)나라 영왕(靈王, ?~B.C. 545)의 태자. 피리는 생황을 범박하게 이른 말. 왕자진은 생황(笙簧)을 잘 불었다고 전하며, 구씨산(緱氏山)에서 생황을 불며 백학을 타고 사라져 신선이 되었다고 함.

2. 농옥: 춘추시대 진(秦) 목공(穆公, ?~B.C. 621)의 딸. 통소를 잘 부는 소사(蕭史, ?~?, 춘추전국시대)를 좋아하여 그에게 시집가 통소를 배웠는데, 후에 부부가 봉황을 타고 하늘에 올라 신선이 되었다고 함.

3. 셜연ᄌ의 거문고: 성련자의 거문고. 성련자(成蓮子, 춘추전국시대)는 중국 초나라의 음악가. 거문고의 명인 백아(伯牙, 춘추전국시대)의 스승으로도 유명함.

4. 곽쳐ᄉ의 죽장고: 곽처사의 죽장구. 곽처사는 당나라의 음악가 곽도원(郭道原). 악기인 격구(擊甌)를 치는 솜씨가 뛰어났다고 함. 죽장고(竹杖鼓)는 대나무 장구이나 여기서는 격구를 칭하는 말.

5. 홍두구 치련곡: 홍두구와 채련곡. 홍두는 열매 이름으로, 〈홍두구〉는 여인에 대한 연모의 정을 읊은 연가(戀歌). 〈채련곡〉은 연밥을 따며 부르는 노래로 대부분 남녀 간의 사랑을 노래함. 이백(李白)의 〈채련곡(採蓮曲)〉과 하지장(賀知章)의 〈채련곡(採蓮曲)〉 등이 유명함.

두목지杜牧之[6] 장건張騫[7]이와 두목지와 장건과

젹숑즈赤松子[8] 안긔싱安期生[9]과 적송자와 안기생과

션문즈羨門子[10] 여동빈呂洞賓[11]이 선문자와 여동빈

졔위션광諸位仙官[12] 좌졍坐定ᄒᆞ니 여러 신선 자리 하니,

시詩예ᄂᆞᆫ ᄉᆞ마장경司馬長卿[13]이오 시에는 사마장경

노ᄅᆡ예ᄂᆞᆫ ᄒᆞ지장賀知章[14]이라 노래에는 하지장

---

6. 두목지: 당나라 문인 두목(杜牧, 803~852). 목지는 자(字). 잘생긴 외모로 유명했으며, 문장과 시에도 능했음. 작풍이 두보(杜甫, 712~770)와 비슷해서 소두(小杜)로도 불림.

7. 장건: 장건(B.C. 164~114)은 한(漢)나라 무제(武帝, B.C. 156~87) 때의 외교관이자 음악가. 서역의 여러 음악을 채집함. 서역에 사신으로 가다가 뗏목을 타고 은하수에 갔다 왔다는 전설이 있음.

8. 젹숑즈: 적송자. 중국 고대 전설상의 제왕인 신농씨(神農氏) 때에 비를 다스렸다는 신선. 비바람을 타고 천상과 지상을 오르내리며 신농씨의 딸에게 선술을 가르쳐 주다가 이후 그녀와 함께 천상계로 올라갔다고 전함. 한나라 장량(張良, ?~BC 186년경)이 개국의 공을 이루고 나서 따라갔던 신선으로도 알려져 있음.

9. 안긔싱: 안기생. 신선술을 익혀 신선이 되었다고 하는 진(秦)나라 사람. 해변에서 약을 팔며 하상장인(河上丈人)에게 신선술을 배웠으며, 이후 장수하였으므로 천세옹(千歲翁)이라 일컫기도 함.

10. 션문즈: 진시황(秦始皇, B.C. 259~210) 때의 신선 선문자고(羨門子高). 진시황이 선문자고의 신선 무리를 보려고 동해안을 찾아다녔다고 전함.

11. 여동빈: 당나라의 도술가 여암(呂嵒, 798~?). 동빈은 자(字). 도교에 심취했던 종리권(鍾離權)의 제자이며, 종남산(終南山)에서 수도한 팔선(八仙)의 한 사람. 금단을 팔아 병든 사람들을 구제하는 공덕을 쌓아 가장 인기 있는 신선 중 하나.

12. 졔위션광: 제위선관. 여러 지위의 신선들.

13. ᄉᆞ마장경: 사마장경. 중국 한나라의 문인 사마상여(司馬相如, B.C. 179~117)를 말하며 장경은 그의 자(字)임. 부(賦)에 뛰어남.

14. ᄒᆞ지장: 하지장(賀知章, 659~744). 당나라 시인. 이백을 적선(謫仙, 유배 온 신선)이라 칭한 인물. 만년에는 벼슬을 버리고 절강성(浙江省)의 사명산(四明山)에 들어가 사명광객(四明狂客)이라 자칭하며 신선의 도를 닦음.

술예은 이빅李白[15]이오 술에는 이백이요

글시예는 왕희지王羲之[16]라 글씨에는 왕희지라.

선인야적仙人夜笛 **(김홍도**金弘道. 1745~1816, **국립중앙박물관 소장)**

옛사람들이 상상한 신선의 세계. 김홍도는 이 장면을 그린 후 "밤은 깊어 학은 가고 가을이 적막한데, 산 아래엔 복숭아꽃 봄이 반쯤 열렸네.(夜深鶴去秋空靜 山下碧桃春半開)"라고 써 두었다. 학, 복숭아, 피리 등은 모두 신선 세계의 대표적인 상징물이다.

---

15. 이빅: 이백(李白, 701~762). 중국 역사상 가장 유명한 시인. 술을 좋아하여 여러 작품과 일화를 남김. 술과 관련된 작품으로 〈월하독작(月下獨酌)〉, 〈장진주(將進酒)〉등이 있고, 마지막 모습 또한 술을 마시고 강에 비친 달을 따려다 익사한 것으로 회자됨.

16. 왕희지: 왕희지(王羲之, 307~365). 중국 동진(東晉) 사람. 중국 역사에서 가장 뛰어난 서예가로 꼽혀 서성(書聖)으로 불림.

여인들도 동참하네

그나문 미식美色들은
좌우左右의 나열羅列 ᄒ니
남악순南岳山 위부인魏夫人 [1]은
팔션여八仙女 [2]을 거ᄂ리고
천틱순天台山 [3] 마고션녀麻姑仙女 [4]
운양雲壤 [5]을 달려왓ᄂ

나머지 미녀들은
좌우에 줄을 서니
남악산의 위부인은
팔선녀를 거느리고
천태산의 마고 선녀
하늘에서 달려왔네.

---

1. 남악순 위부인: 남악산 위부인. 남악산은 중국의 5대 명산의 하나인 호남성(湖南省)의 형산(衡山). 나머지 넷은 산서성(山西省)의 북악 항산(北岳恒山), 산서성의 서악 화산(西岳華山), 하남성(河南省)의 중악 숭산(中岳嵩山), 산동성(山東省)의 동악 태산(東岳泰山)임. 이 다섯 산은 모두 신선이 맡아 다스리는데, 형산은 진(辰)나라 때의 선녀 위부인이 다스린다고 전함.
2. 팔션여: 팔선녀. 조선 후기 김만중(金萬重, 1637~1692)의 소설《구운몽(九雲夢)》에 나오는 8선녀. 배경이 형산이며 이 작품에 위부인과 팔선녀가 나오는데 이것을 인용한 것임.
3. 천틱산: 천태산. 중국 절강성(浙江省) 천태현(天台縣)에 있는 불교 4대 영산의 하나. 깎아지른 듯한 절벽과 기암기봉(奇巖奇峰)이 많아 예로부터 선녀가 살고 불로초가 자란다는 등의 전설이 전해 옴.
4. 마고션녀: 마고선녀. 중국의 전설에 나오는 선녀. 상당한 미인으로, 입고 있는 옷에서 불가사의한 빛이 나와 사람들을 현혹시키기도 하며, 새처럼 긴 손톱이 있어 그것으로 긁으면 기분이 매우 좋아진다고 함. 중국에서는 고여산(姑餘山)에 산다고 전해 오나, 우리나라에서는 특이하게 천태산에 사는 선녀로 주로 표현됨. 우리나라의 경우 자연물이나 지형을 창조하는 신적인 존재로 묘사되며 주로 '마고할미'로 불림.
5. 운양: 하늘과 땅. 까마득히 먼 거리.

요지연瑤池宴[6]의 셔왕모西王母[7]는　　　　요지연의 서왕모는

빅운황죽白雲篁竹[8] 노릭ᄒ고　　　　　　백운황죽 노래하고

쵸협楚峽[9]의 무ᄉᆞᆫ실여巫山神女[10]　　　　초협의 무산 신녀

죠운모우朝雲暮雨[11] 고ᄂᆡᄒᄃᆞ　　　　　구름과 비 괴이하다.

---

6. 요지연: 요지에서의 잔치. 요지는 상상의 산 곤륜산(崑崙山)에 있는 못. 곤륜산은 중국의 서쪽 끝에
   있으며 왼쪽에는 요지(瑤池)가 있고 오른쪽에는 취수(翠水)가 있으며 산 아래에는 약수(弱水)가 흐르
   고 있어 깃털 바퀴가 달린 바람 같은 수레가 아니면 갈 수 없는 선계임. 서왕모가 다스리는 곤륜산에
   주(周)나라 목왕(穆王, B.C. 992~922)이 어렵게 찾아오자 요지에서 잔치를 베풀었는데, 이때 목왕이
   너무나 즐거워 인간 세계로 돌아가는 것을 잊어버려 자신의 나라가 혼란에 빠진 줄도 몰랐다고 함.
   《열자(列子)》의 〈주목왕(周穆王)〉편에 "드디어 서왕모의 손님이 되어 요지가에서 연회를 가졌다.(遂
   賓于西王母 觴于瑤池之上)"라는 내용이 있음.

7. 서왕모: 서왕모. 도교에서 말하는 최고위 선녀(仙女). 곤륜산을 다스리는 선녀로 절세미인으로 묘사
   되기도 하고, 《산해경(山海經)》 등에서는 표범의 꼬리와 호랑이의 이빨을 한 모습으로 묘사되기도
   함. 먹으면 불로장생한다는 복숭아의 소유자로 누구보다도 신성한 존재로 인정받음. 주(周)나라 목왕
   (穆王, B.C. 992~922)을 맞이하여 잔치를 벌인 이야기, 한(漢)나라 무제(武帝, B.C. 156~87)를 방문하
   여 천도(天桃)를 주었다는 이야기 등이 유명함.

8. 빅운황죽: 백운황죽. 〈백운(白雲)〉은 서왕모가 무왕과 이별할 때 불렀다는 노래. 〈황죽(篁竹)〉은 주
   (周)나라 목왕(穆王, B.C. 992~922)이 사냥을 하다가 추위에 떠는 백성을 보고 지었다는 시.

9. 쵸협: 초협. 중국 무산(巫山)의 동쪽에 있는 협곡. 일반적으로 사천성(泗川省) 무산현에 있는 험준한
   무협(巫峽)을 가리킴.

10. 무ᄉᆞᆫ실여: 무산신녀. 무산에 사는 신녀로 아침 구름과 저녁 비가 된다고 전함. 적제(赤帝)의 딸인 요
    희(姚姫)가 시집도 가기 전에 죽어 무산(巫山)에 묻혔는데, 무산에 간 초(楚)나라 회왕(懷王, 재위:
    B.C. 329~296)이 꿈속에서 신녀가 된 요희를 만나 즐겼다고 하는 전설이 송옥(宋玉, B.C. 3세기)
    의 〈고당부(高唐賦)〉에 실려 전함.

11. 죠운모우: 조운모우. 아침 구름과 저녁 비. 무산 신녀는 아침 구름과 저녁 비가 되어 무산을 감싸고
    있다고 함. 남녀의 정교(情交)를 의미하는 운우지정(雲雨之情)과 통하는 말임.

구운몽도九雲夢圖 **중 2폭 (미상, 국립중앙박물관소장)**

구운몽도는 김만중金萬重, 1637~1692의 소설 《구운몽》을 그림으로 그린 것으로, 조선 후기 유행한 그림 중의 하나이다. 위의 그림은 성진이 다리를 건너고 팔선녀가 그에게 희롱을 거는 장면으로, 이 유혹으로 인해 성진은 파계하고 인간 세상으로 내려오게 된다.

고쇼딕_{姑蘇臺}[12]의 취_醉혼 셔시_{西施}[13]   고소대의 취한 서시

오궁화쵸_{吳宮花草}[14] 히롱_{戲弄} 힣고   오궁 화초 희롱하고

두츄량_{杜秋娘}[15]의 금누의_{金縷衣}[16]요   두추랑의 금실 옷에

이부인_{李夫人}[17]의 벽도화_{碧桃花}[18]라   이부인의 벽도화라.

---

12. 고소딕: 고소대. 춘추시대 오왕(吳王) 부차(夫差, ?~B.C. 473)가 고소산(姑蘇山) 위에 지은 대(臺). 부차가 월나라를 깨뜨리고 나서 천하일색 서시(西施)를 얻고는 매일 이곳에서 잔치를 즐겼는데, 결국 월나라의 공격을 받고 멸망함.

13. 서시: 서시. 춘추시대 월나라의 미인. 전한(前漢)의 왕소군(王昭君, B.C. 52년경~20년경), 후한(後漢)의 초선(貂蟬, 175~199), 당(唐)의 양귀비(楊貴妃, 719~756)와 함께 중국의 4대 미인으로 손꼽힘. 냇가에서 수건을 씻고 있노라면 물고기가 그녀의 미모에 놀라 헤엄치는 것을 잊고 가라앉을 정도의 미모였다고 함.

14. 오궁화쵸: 오궁화초. 오(吳)나라 궁궐에 있는 화초. 이백(李白, 701~762)의 〈등금릉봉황대(登金陵鳳凰臺)〉의 한 구절 "오나라 궁궐의 화초가 오솔길을 뒤덮네.(吳宮花草埋幽徑)"에서 유래함.

15. 두츄량: 두추랑(杜秋娘, 791년경~?). 당나라 기녀로 원래 이름은 두추(杜秋)이나 후세에 두추랑(杜秋娘)으로 부름.

16. 금누의: '금실로 짠 옷'이란 뜻의 시. 두추랑의 작품으로 "꽃은 피어 꺾을 만하면 바로 꺾어야지, 꽃 없기를 기다려 빈 가지를 꺾지 마오.(花開堪折直須折 莫待無花空折枝)"라는 구절이 있는데 젊은 자신을 버려두지 말라는 내용임.

17. 이부인: 한(漢)나라 무제(武帝, B.C. 156~87) 때의 미녀. 환관이자 음악가인 이연년(李延年, ?~B.C. 87)의 누이로 빼어난 미모와 춤 솜씨로 무제의 사랑을 독차지함. 경국지색(傾國之色, 나라를 기우뚱하게 할 만큼의 미녀)이란 표현의 당사자임.

18. 벽도화: 푸른 복숭아 꽃. 벽도는 먹으면 불로장생한다는 전설상의 복숭아. 삼천 년에 한 번 열리는 신성한 복숭아로 반도(蟠桃), 천도(天桃)라고도 함. 서왕모가 이 복숭아가 열리는 과수원을 관장하며 복숭아가 열리는 시기가 되면 모든 신선들을 초대해 연회를 베풀었다고 전함. 서왕모가 한(漢)나라 무제(武帝, B.C. 156~87) 때 내려와 전해 주었다는 전설이 있음.

향궁(漢宮)의 죠비련(趙飛燕)[19]니　　　　　한궁의 조비연이

츳례(次例)로 안줏ᄂᆞᆫ딕　　　　　차례로 앉았는데

션연(嬋娟)[20]ᄒᆞᆫ 슉낭ᄌᆞ(叔娘子)[21]은　　아리따운 숙낭자는

ᄎᆔ슈(翠袖)[22]을 반(半)만것고　　　　비취 소매 반만 걷고,

셤″옥슈(纖纖玉手)[23] 드러ᄂᆡ여　　　가녀린 손 드러내어

쳥쥰(淸樽)[24]을 어루만져　　　　　맑은 술병 어루만져

노ᄌᆞ작(鸕鷀勺)[25] 잉무빈(鸚鵡杯)[26]의　노자 국자 앵무 잔에

쟝싱쥬(長生酒)[27] 가득부어　　　　장생주 가득 부어

구푸려 젼(傳)ᄒᆞ는 냥(樣)은　　　엎드려 전하는 모습

---

19. 향궁의 죠비련: 한궁의 조비연. 한궁은 한나라 궁궐. 조비연은 한나라 궁녀 출신의 황후 조의주(趙宜主, B.C. 45~1). 춤을 추는 것이 제비가 나는 것과 같이 날렵하다고 하여 조비연(趙飛燕)으로 불림.

20. 션연: 선연. 얼굴이 곱고 아름다움.

21. 슉낭ᄌᆞ: 숙낭자. 조선 후기 소설《숙향전(淑香傳)》의 주인공 숙향.《숙향전》은 선녀 숙향이 인간 세상에서 고생하다가 마고할미와 파랑새의 도움을 받아 이선(李仙)을 만나 결혼한다는 내용임.

22. ᄎᆔ슈: 취수. 비취색의 짙푸른 소매.

23. 셤″옥슈: 섬섬옥수. 가늘고 고운 손.

24. 쳥쥰: 청준. 맑은 술을 담은 술동이.

25. 노ᄌᆞ작: 가마우지 모양의 술 국자. 아름답고 낭만적인 술자리를 상징하는 기물로 당나라 이백(李白, 701~762)이〈양양가(襄陽歌)〉에서 "가마우지 국자여, 앵무 잔이여, 백 년 삼만 육천 날에, 하루 삼백 잔씩 기울여야지.(鸕鷀杓 鸚鵡杯, 百年三萬六千日 一日須傾三百杯)"라고 한 데서 유래함.

26. 잉무빈: 앵무배. 앵무새 모양의 술잔. 아름답고 낭만적인 술자리를 상징하는 기물. 위 설명 참조.

27. 쟝싱쥬: 장생주. 마시면 불로장생(不老長生)한다는 술.

춘풍春風의 날졔비라   봄바람의 날제비라.

느려진 버들가지   늘어진 버들가지

방탕放蕩니 흔드난듯   어지러이 흔드는 듯

청쳔靑天의 놉히쯧학鶴   하늘에 높이 뜬 학

황흥슈黃河水[28]을 건의는 듯   황하수 건너는 듯.

───────────

28. 황흥슈: 황하수. 중국에서 양자강 다음으로 큰 강인 황하강.

명시들을 읊어 본다

이잔치 일려─麗[1]ᄒ미

풍유風流을 갓쵸리라

부지ᄒ처 죠상군不知何處弔湘君[2]은

이할님李翰林[3]의 제명題名이요

오쵸건곤 일야부吳楚乾坤日夜浮[4]은

두쵸당杜草堂[5]의 화담和談이오

낭음비과 동정호朗吟飛過洞庭湖[6]은

이 잔치 화려하니

풍류를 갖추리라.

"부지하처 조상군"은

이태백의 제목이요

"오초건곤 일야부"는

두보의 말씀이라.

"낭음비과 동정호"는

---

1. 일려: 가장 아름다움.

2. 부지ᄒ처죠상군: 부지하처조상군(不知何處弔湘君). "어디에서 상군(湘君)을 조상(弔喪)할지 모르겠구나."란 뜻으로, 이백(李白, 701~762)의 시 〈유동정(遊洞庭)〉의 한 구절. 상군은 중국 전설에 나오는 상수(湘水)의 신. 상(湘)은 동정호로 흘러드는 강.

3. 이할님: 이한림. 당(唐)나라 현종(玄宗, 재위: 712~756) 때 한림 벼슬을 지냈던 이백의 별칭.

4. 오쵸건곤일야부: 오초건곤일야부(嗚楚乾坤山夜浮). "오나라와 초나라는 동남으로 갈라졌고, 하늘과 땅은 밤낮으로 떠 있다."는 뜻으로, 두보(杜甫, 712~770)의 시 〈등악양루(登岳陽樓)〉의 한 구절. 동정호의 광활함을 표현함.

5. 두쵸당: 두초당(杜草堂). 당나라의 시인 두보(杜甫, 712~770)가 40대에 사천성(泗川省) 성도(成都)의 완화계(浣花溪)에 초당을 짓고 산 적이 있었는데 그로 인해 생긴 별명.

6. 낭음비과동정호: 낭음비과동정호(朗吟飛過洞庭湖). "낭랑히 읊조리며 동정호를 날아가네."라는 뜻으로, 당나라의 도술가 여암(呂岩, 798~?)이 지은 시의 한 구절.

여동빈呂洞賓[7]의 션연仙緣[8]이오

동정칠빅 월ᄒ쥬洞庭七百月下秋[9]은

빅낙천白樂天[10]의 츄흥秋興이오

동정월낙 고운귀洞庭月落 孤雲歸[11]은

최문창崔文昌[12]의 졀창絶唱이라

아마도 만고영웅萬古英雄을

ᄭᅮᆷ의나 볼덧ᄒᆞ여라

여동빈의 인연이요

"동정칠백 월하추"는

백거이의 추흥이요

"동정월락 고운귀"는

최치원의 절창이라.

아마도 만고영웅

꿈에서나 볼 듯하이.

---

7. 여동빈: 당나라 도술가 여암(呂岩, 798~?). 동빈은 자(字). 도교에 심취했던 종리권(鍾離權, ?~?)의 제
자이며, 종남산(終南山)에서 수도한 팔선(八仙)의 한 사람. 금단을 팔아 병든 사람들을 구제하는 공덕
을 쌓아 가장 인기 있는 신선의 대표자로 흠모됨.

8. 션연(仙緣): 신선과의 인연.

9. 동정칠빅 월ᄒ쥬: 동정칠백월하추(洞庭七百月下秋). "동정 칠백 리에 달빛 비치는 가을"이라는 뜻으
로, 문맥상 백낙천의 시구가 와야 하나 그의 작품 중에서는 확인되지 않음. 다만《춘향전(春香傳)》의
〈사랑가〉에 "동정칠백월하추(洞庭七百月下秋)에 무산같이 높은 사랑"이 보임.

10. 빅낙천: 백낙천. 당나라 시인 백거이(白居易, 772~846). 낙천은 그의 자(字). 현존하는 작품만 3,800
여 수에 이르는 다작의 시인으로 대표적인 작품에 〈비파행(琵琶行)〉, 〈장한가(長恨歌)〉등이 있음.

11. 동정월낙고운귀: 동정월락고운귀(洞庭月落孤雲歸). "동정호에 달이 지니 외로운 구름도 돌아가네."
라는 뜻으로, 원나라 양사굉(楊士宏)이 편찬한《당음(唐音)》에 실린 〈비파(琵琶)〉의 마지막 구절. 작
자 미상의 시로 소개하고 있으나 최치원(崔致遠, 857~?)의 자(字)인 고운(孤雲)에 근거해 최치원의
시로 추정하기도 함.

12. 최문창: 신라 말기의 문신 최치원(崔致遠, 857~?). 문창은 시호(諡號). 당나라 빈공과에 장원 급제하
여 당에서도 문장으로 이름을 날렸고, 이후 우리나라에 본격적인 한문학을 연 시조(始祖)로 인정됨.

3

효우가

〈효우가孝友歌〉는 '효도와 우애의 노래'이다. 소창문고본《가수》가 발견되기 전, 기존 〈효우가〉는 1편 알려져 있었는데, 그 작품에 대한 평가는 다음과 같다.

> 〈효우가〉는 다른 문헌이나 기록에서도 찾아볼 수 없으며 이본(異本) 역시 존재하지 않는 작품이다. 현재 전하고 있는 필사본이 곧 유일한 자료라고 할 수 있다. …… 〈효우가〉는 1934년 4월 20일 화산서림(華山書林) 주인 이성의(李聖儀)가 필사한 작품이라 할 수 있다. (최현재, 2001)

이 점에서 볼 때, 본 가집에 수록된 〈효우가〉는 중요한 주목점을 지닌다. 첫째, 〈효우가〉는 더 이상 유일본이 아님을 알 수 있게 되었다는 점이다. 유일본으로 전하는 작품과 복수의 이본으로 존재하는 작품은 향유의 폭이란 관점에서 볼 때 차이가 적지 않은데, 이것으로 이 작품이 어느 정도의 향유층을 보유하고 있었음을 확인할 수 있다.

다음은 향유 시기의 소급이다. 기존 〈효우가〉는 1934년에 필사된 것으로 결론 내려져 있다. 이 기간은 고전과 근대를 구분 짓는 일반적 기점인 1894년에서 지나치게 멀다. 그런데 본 가집의 〈효우가〉는 이보다 이른 시기인 1900년에 필사된 것이 확인된다. 이 점에서 〈효우가〉의 향유 시기를 획기적으로 소급 적용할 수 있게 된 것이다.

한편, 기존의 〈효우가〉를 퇴계 이황의 작품으로도 보는 이가 있는데,

이 작품 또한 경상북도 봉화에서 향유되었다는 점에서, 〈효우가〉의 향유 지역과 향유층에 대한 보다 집중적인 논의를 이끌어낸다는 것도 이 작품 발굴의 큰 가치가 된다.

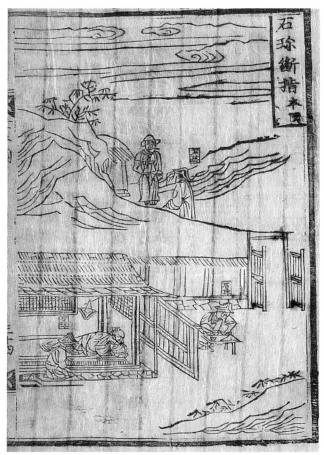

삼강행실도三綱行實圖 **(15세기, 국립중앙박물관 소장)**

유교는 질서, 도리의 사상이다. 아버지와 아들, 임금과 신하, 남편과 부인 등의 행동 질서에 대한 규정이 유교의 근본을 이룬다. 그림의 삼강행실도는 석진이라는 인물이 아버지의 병을 낫게 하기 위해 손가락을 잘라 피를 먹이는 내용인데, 자신의 몸을 희생하면서라도 부모에 대한 효를 다하라는 도리를 담고 있다.

자세히 들어보오

청츈쇼년南春少年 아히들아   청춘 소년 아이들아

이니말슴 드려보쇼   이내 말을 들어보렴.

너히을 길너니야   너희를 길러내어

무어슬 할려던고   무엇을 하려던가.

다른일 다더지고   다른 일 다 던지고

효우孝友을 ᄒ여쓰라   효도 우애 행하여라.

효우孝友을 못ᄒ오면   효도 우애 못 행하면

금슈禽獸와 갓가오니¹   짐승에 가까우니

너히곳² 하려ᄒ면   너희들 하려거든

ᄌ셰仔細 〃 〃 드려쪄라   자세히 들어보렴.

---

1. 금슈와 갓가오니: 짐승에 가까우니. 《맹자(孟子)》에서 "편하게 지내며 가르치지 않으면 짐승에 가깝
   게 된다. 성인이 이것을 걱정하여 인륜으로 가르치게 하셨다.(逸居而無敎, 則近於禽獸. 聖人有憂之, 敎
   以人倫)"는 구절이 있음.
2. 곳: 강조를 나타내는 강세보조사.

부모의 마음이란

어버니 ᄌᆞ식子息의게	어버이 자식에 준
은정恩情[1]을 비比케되면[2]	은혜를 비유하면
천지天地와 갓ᄒᆞ시니	천지와도 같으시니
갑풀길 그지업다	갚을 길 끝이 없다.
열달을 비슬너셔[3]	열 달을 배에 넣어
삼년三年을 품의품어	삼 년을 품에 품어
똥오줌 밧너면셔[4]	똥오줌 받아내며
안고업고 길너너야	안고 업고 길러내어
강보襁褓[5]의 ᄊᆞ인거슬	포대기에 싸인 것을
무릅우에 언져노코	무릎 위에 얹어 놓고
입맛츄고 등만지며	입 맞추고 등 만지며
구슬갓치[6] 여기시며	구슬같이 여기시네.
상傷홀까 도라보고	다칠까 돌아보고

---

1. 은정: 은정. 은혜와 정.
2. 비케 되면: 견주어보면.
3. 비슬너셔: 배에 넣어서.
4. 밧너면셔: 받아내면서.
5. 강보: 아이를 업는 포대기.
6. 구슬갓치: 구슬같이. 보석처럼.

병病들까 만지면서

울면 비곱푼가

치우면 버셧는가

낫쁜밥[7] 다못먹고

단줌을 다못조고

천신 만고千辛萬苦[8]ㅎ야

계우그려[9] 키워닉여

남즈男子은 학문學問ㅎ고

녀즈女子은 닉측內則[10]ㅎ야

달닉며 쑤지즈면

사람노릇 가라치며

남혼녀가男婚女嫁[11] 근심ㅎ야

잘되고 못될셰라

오미寤寐[12]예 간″懇懇ㅎ니[13]

부모父母 마음 무삼일고

병들까 만지면서

울면 배고픈가

추우면 벗었는가

부족한 밥 다 못 먹고

단잠도 다 못 자고

온갖 고생하며

겨우겨우 키워 내네.

남자는 학문하고

여자는 집안 교육

달래고 꾸짖으며

사람 노릇 가르치며,

혼인을 근심하여

잘 될까 못 될까

자나 깨나 간절하니

부모 마음 무엇인가.

7. 낫쁜 밥: 나쁜 밥. 양에 차지 않는 밥.

8. 천신만고: 천신만고. 수많은 괴로움.

9. 계우그려: '계우'는 '겨우'의 뜻.

10. 닉측: 내칙. 부녀자들을 대상으로 행하던 교육.

11. 남혼녀가: 남혼녀가. 아들과 딸의 혼인.

12. 오미: 오매. 깨어 있는 때나 자는 때.

13. 간″ㅎ니: 간간하니. 매우 간절하니.

자식이 무심하네

자식子息은 무상無常[1]ᄒ야   자식은 변하노니

거의다 불효不孝로다   거의 다 불효로다.

하날로 네린다시   하늘에서 내려온 듯

쌍으로 쇼슨더시   땅에서 솟은 듯

아히졔ᄂᆞᆫ 의지依支업셔[2]   어릴 때는 의지하며

부모父母을 싱각ᄯᅡ가   부모를 생각지만,

각″취쳐各各娶妻[3]ᄒ온 후後의   각자 결혼 하고나면

부모동싱父母同生 ᄂᆡ몰ᄂᆡ라   부모 형제 나 몰라라.

ᄋᆡ둘홀ᄉᆞ[4] 벗님ᄂᆡ야   애달프다 벗님들아

어려셔는 부모父母러니   어려서는 부모더니

장셩長成ᄒ니 쳐ᄌᆞ妻子로다   다 자라면 처자식이니

그아니 ᄋᆡ돌흔가   그 아니 애달픈가.

---

1. 무상: 덧없음. 늘 변함.

2. 의지업셔: 의지없어, 의지할 곳 없이.

3. 취쳐: 취처. 아내를 얻음.

4. ᄋᆡ둘홀ᄉᆞ: 애달플사. 애달프구나.

진슈셩찬珍羞盛饌 만ᄂᆞ오면

자식子息붓터 싱각ᄒᆞ닉

올치안은 부모父母임은

만고萬古[5]의 업건마는

미거未擧[6]ᄒᆞ온 ᄌᆞ식子息은

쳔ᄒᆞ天下의 거의로다

진수성찬 만나면

자식부터 생각하네.

옳지 않은 부모님은

만고에 없건마는

철없는 자식들은

온 세상에 가득하네.

---

5. 만고: 아주 먼 옛날부터 지금까지.

6. 미거: 철이 없고 사리에 어두움.

세월은 다시 오지 않아

정성精誠이 지극至極호면　　　　정성이 지극하면
효양孝養[1]니 어려우랴　　　　　효도가 어려울까.
겨울날 죽순竹筍나고[2]　　　　　겨울날 죽순 나고
어룸궁게 잉어鯉魚나니[3]　　　　얼음 구멍 잉어 나니
빅리부미百里負米[4] 뉘시던고　　　백 리 쌀짐 누구던가
오색반의五色斑衣[5]의 거록호다　　색동옷 춤 거룩하다.
부모父母을 싱각호야　　　　　　부모를 생각하여
자식子息을 뭇단말가[6]　　　　　자식도 묻었도다.

---

1. 효양: 효도하고 봉양함.
2. 겨울날 죽순나고: 겨울날 죽순 나고. 중국 삼국시대 오(吳)나라의 효자인 맹종(孟宗, ?~271)의 '맹종읍순(孟宗泣筍)' 고사. 효성이 지극했던 맹종이 겨울에 죽순을 먹고 싶어 하는 어머니를 위해 대숲에 들어가 찾았으나 없자, 안타까워 슬피 울었더니 갑자기 죽순이 솟아났다는 이야기가 《24효(二十四孝)》에 전함.
3. 어름궁게 잉어 나니: 얼음 구멍에서 잉어가 나니. 서진(西晉)시대 때 효자 왕상(王祥, 184~268)의 '왕상지효(王祥之孝)' 고사. 왕상의 계모가 병이 들어 한겨울에 잉어가 먹고 싶다 하니, 왕상이 구할 길 없어 강의 얼음을 녹이려 엎드리자 얼음이 스스로 녹으며 잉어가 뛰어나왔다는 이야기가 《24효(二十四孝)》에 전함.
4. 빅리부미: 백리부미. 백 리나 떨어진 먼 곳으로 쌀을 등에 지고 나른다는 뜻. 공자의 제자 자로(子路, B.C. 542~480)의 고사. 어버이가 살아계실 때는 가난하여도 백 리 밖에서 쌀을 져 와서 섬겼는데, 막상 대부가 되니 곡식이 쌓여 있어도 어버이가 돌아가셔서 봉양할 수 없더라는 내용이 《소학(小學)》에 전함. 이후 가난하여 갖은 고생을 다하면서도 부모 봉양을 잘함을 이름.
5. 오색반의: 오색반의. 청색, 적색, 황색, 백색, 흑색으로 된 색동옷. 어린 아이의 옷인데, 중국 춘추전국 시대 때 초나라의 노래자(老萊子)가 효성이 지극하여 부모님을 즐겁게 해 주려고 나이 70이 넘어서도 이 옷을 입고 춤을 추었다는 일화가 《초학기(初學記)》에 전함.
6. 자식을 뭇단말가: 자식을 묻었단 말인가. 신라의 손순매아(孫順埋兒) 고사. 손순의 아들이 자꾸 노모

셔순西山의 지는힌을	서산의 지는 해를
긴노으로[7] 미야세라	긴 밧줄로 매자꾸나
천츄千秋[8]에 부는바람	천년을 부는 바람
날위爲야 기다리랴	나를 위해 기다리랴.
인싱부득 깅쇼년人生不得更少年[9]은	"인생부득 갱소년"이라
다시졈긔 어렵도다	다시 젊기 어렵도다.
익 〃哀哀 흔[10] 우리부모父母	불쌍한 우리 부모
한번가면 다시올야	한번 가면 다시 오랴.
스람쥭근 무덤우예	사람 죽은 무덤 위에
논을가나 밧츨가나	논을 가나 밭을 가나
영혼靈魂이 여니알며	영혼이 어찌 알며,
츄월츈풍 사시절秋月春風四時節의	추월춘풍 사계절에
자손子孫니 졔亽祭祀흔들	자손이 제사한들
오난쥴을 뉘가알고	오는 줄을 누가 알리.
불여싱젼 일비쥬不如生前一杯酒[11]은	"불여생전 일배주"는
쳔만고千萬古의 졀창絶唱이라	천만년의 절창이라.

의 음식을 뺏어 먹자 노모를 제대로 봉양하기 위해 아들을 묻으려 했다는 이야기가 《삼국유사(三國
遺事)》에 전함.

7. 긴노으로: 긴 밧줄로. 노는 밧줄.

8. 천츄(千秋): 천추. 천 번의 가을. 즉 천년을 말하는 것으로 오랜 세월을 의미함.

9. 인싱부득깅쇼년: 인생부득갱소년(人生不得更少年). 인생에서 젊은 날은 다시 얻을 수 없음. 당(唐)나
라 시인 잠삼(岑參, 715~770)의 〈촉규화가(蜀葵花歌)〉에 "인생에서 젊은 시절을 늘릴 수 없으니, 술상
앞에서 술값을 아끼지 말라.(人生不得長少年, 莫惜床頭沽酒錢)"는 구절이 있음.

10. 익 〃흔: 애애한. 매우 불쌍함.

11. 불여싱젼일비쥬: 불여생전일배주(不如生前一杯酒). 살아 있을 때의 한 잔의 술만 못함. 당나라 시인

길고긴 겨울밤예
잠업시 일러안져
늬한일 싱각ᄒ면
뉘웃친들 어니ᄒ리
젼〃바측振轉反側[12] 싱각ᄒ니
흘르나니 눈물이라

길고 긴 겨울밤에
잠 없어 일어나서
내 했던 일 생각하며
뉘우친들 어이하리.
뒤척이며 생각하니
흐르나니 눈물이라.

문자도8폭병풍 文字圖八幅屛風 **(미상, 국립중앙박물관 소장)**

문자도는 문자에 그림을 넣어 그 상징 뜻을 표현한 것인데, 孝弟 등의 글자가 많이 활용되었다. 옆의 글자는 孝인데, 첫 두 획에 죽순과 잉어가 그려져 있다. 죽순을 그린 것은 맹종의 고사를 표현한 것이고, 잉어를 그린 것은 왕상의 고사를 표현한 것이다.

이태백(李太白, 702~762)의 〈행로난(行路難)〉에 "또한 살아 있을 때 한잔 술이나 즐길 것이지 죽고 나서 천년 후에 이름이나 남기려 하는가?(且樂生前 一杯酒 何須身後 千載名)"라는 구절이 있음.

12. 젼〃바측: 전전반측. 마음이 괴로워 잠을 이루지 못하고 이리저리 뒤척임.

형제는 한 날개라

동긔연지同氣連枝[1] 형제간兄弟間은
부모父母의게 싱겨스니
얼골[2]은 난희여도
혈긔血氣는 한가지라
졔안히 말을듯고
형제간兄弟間의 원망怨望ᄒ며
졔자식子息 말을듯고
친척親戚을 미워ᄒ며
형제兄弟는 슈족手足이라
슈족手足업시 어니살며
형제兄弟는 우익羽翼[3]이라
우익羽翼업시 어니살이

같은 기를 나눈 형제
한 부모께 생겼으니
모습은 나뉘어도
혈기는 한 가지라.
제 아내 말을 듣고
형제간 원망하고
제 자식 말을 듣고
친척을 미워하네.
형제는 손발이라
손발 없이 어찌 살며
형제는 날개라
날개 없이 어찌 살리.

---

1. 동긔연지: 동기연지. 동기는 같은 기운. 연지는 이어진 가지. 같은 기운에서 갈라져 나왔고, 한 뿌리에
   서 나 이어진 가지라는 뜻으로, 형제·자매의 비유.
2. 얼골: 얼굴. 옛말의 얼골은 모습, 형체를 뜻함.
3. 우익(羽翼): 날개. 돕는 세력. 한(漢)나라 고조(高祖) 유방(劉邦, B.C. 247년경~195)이 척부인(戚夫人,
   ?~B.C. 194년경)을 총애하여 그 아들을 태자로 삼고자 하니, 상산사호(商山四皓)들이 와서 이미 책봉
   되었던 태자를 보호하고 있으므로 척부인에게 이르기를 "태자에게 이미 날개가 생겨 바꾸기 어렵도
   다." 하며, "기러기 높이 날았으니 그물을 칠 수 없네." 하고 읊은 데서 연유함.

위 〃斐斐ᄒᆞᆫ 상체常棣ᄭᅡ지[4]

상풍商風[5]의 쩍쩌진니

장천長天[6]의 외기력이

어듸로 가단말고

혼승빅강魂昇魄降[7] ᄒᆞᆫ번ᄒᆞ면

어듸가 다시볼고

우습짜 세상世上 스람

부모동싱父母同生 모로더라

쳐ᄌᆞ妻子ᄂᆞᆫ 일싱一生이오

노비젼답奴婢田畓 잠간이라

부모父母도 게실ᄯᅥ예

동싱同生도 잇슬ᄯᅥ예

굼고먹기 분복分福[8]이라

자식子息노릇 ᄒᆞ여쓰라

불효불우不孝不友 ᄒᆞ던스람

활짝 핀 산앵두도

추풍에 꺾어지니

긴 하늘의 외기러기

어디로 가야 할까.

혼백 한번 흩어지면

어디 가서 다시 볼까.

우스워라 세상 사람

부모 형제 모르더라.

처자식은 한 생이고

노비 전답 잠깐이라.

부모도 계실 때에

형제도 있을 때에

굶고 먹기 제 복이니

자식 노릇 하자꾸나.

불효불우 하던 사람

---

4. 위 〃ᄒᆞᆫ 상체ᄭᅡ지: 위위한 상체 가지. 위위(斐斐)는 아름답게 활짝 핀 모양. 상체(常棣)는 산앵두나무. 《시경(詩經)》의 〈상체(常棣)〉 시에 "활짝 핀 산앵두꽃, 얼마나 아름다운가. 이 세상에 누구라 해도, 형 제만한 이가 없네.(常棣之華 鄂不斐斐 凡今之人 莫如兄弟)"라는 구절이 있음.

5. 상풍: 가을바람. 상(商)은 서쪽, 가을을 나타냄.

6. 장천: 장천. 멀고도 넓은 하늘.

7. 혼승빅강: 혼승백강. 혼은 하늘로 올라가고, 넋은 땅속으로 들어감. 즉, 죽음을 의미함.

8. 분복: 각자가 타고난 복.

후회(後悔)ᄒ여 쓸찌업닉   후회해도 소용없네.

닉즁후회(後悔) 할진딕은   나중 후회 할 바에는

후회(後悔)업시 ᄒ고지고   후회 없이 하고지고.

짱을파고 후회(後悔)히도   땅을 파고 후회해도

밋칠기리 젼(全)혀업다   미칠 길이 전혀 없다.

문자도8폭병풍文字圖八幅屛風 (미상, 국립중앙박물관 소장)

옆의 글자는 悌인데, 위쪽에는 산앵두나무꽃, 좌측에는 척령(鶺鴒) 새를 그려 두었다. 산앵두나무와 척령새는 모두 《시경(詩經)》의 노래에 나오는 소재들로 형제들의 우애와 협동을 상징한다.

4

화전별곡

〈화전별곡花煎別曲〉은 '꽃전을 부쳐 먹으며 부르는 노래'이다. 조선 시대
의 여인들은 봄이 되어 산에 진달래가 만개할 즈음이면 동네의 산으로 놀
러 가 화전(주로 진달래 꽃전)을 부쳐 먹으며 즐거운 하루를 보냈는데, 이
풍경을 묘사한 노래들이 〈화전가·화전별곡〉이다. 화전가의 창작 동기는
작품의 첫머리에서 직접 밝히는데, 이 책에서는 다음처럼 되어 있다.

> "생각하노니, 집안에 싸인 몸이 삼종지도를 곱게 따라 길쌈 방적을 일
> 을 삼고 술 빚고 밥하기만 하느라고 평생 문밖을 모르도다. 이내 인생 곰
> 곰이 생각하니 우리 여자의 놀이는 花煎밖에 더 있는가?"

이러한 정황에서 향유된 〈화전가〉는 권영철(1979)에 따르면 현재 30
여 종이 전하고 있다. 이외 우현기馬玄基가 편찬한《가사집歌詞集, 1936》에 수
록된 1종도 더할 수 있는데, 대부분의 작품들이 경북 지역인 봉화, 안동,
영덕 등을 중심으로 향유되었다.

이 책에 수록된 〈화전가〉 또한 1900년 경북 봉화의 삼동리에서 창작
된 것이다. 노래 내용 중에, "딕죠산 놉푼곳딕 화심강니 둘너쏘야"라는
구절이 있는데 이 대조산은 현재 경북 봉화의 황새마을 뒷산인 천제산
에 해당한다. (말미에 첨부한 전체 해제 참조)

한편 〈화전가〉에 대응하여 이를 못마땅하게 여기는 작품군도 전하

고 있어 이채롭다. 이른 바 〈반화전가反花煎歌〉인데 이 노래에서는 여인들의 놀이가 지닌 부정적인 속성을 강조하여 경계하고 있다.

결국 〈화전가〉는 여인들의 해방 욕구를 충족시켜 주는 기능을 담당하였고, 〈반화전가〉는 이러한 해방을 봉쇄하기 위해 나온 작품이라 하겠는데, 그 두 목소리 사이에서 여성의 삶이 영위되었던 것이라 하겠다.

풍속도風俗圖
(미상, 국립중앙박물관 소장)

다양한 일상의 장면을 묘사한 풍속화 중 꽃놀이를 즐기는 여인들의 모습을 그린 그림이다. 1년에 한 번 봄을 맞아 외출의 자유를 느꼈던 당시의 풍속을 보여준다.

3월이 오다

시유時維 숨월三月[1]이오 　　　시절은 삼월이요

셔속序屬 모츈暮春[2]이라 　　　계절은 늦봄이라

동풍작야東風昨夜 홀긔忽起[3]ᄒᆞ니 　간밤에 동풍 부니

구십츈광九十春光[4] 도라온가 　구십 봄날 돌아온가.

삼츈三春이 깁푼고듸 　　　　봄 석 달 깊은 곳에

일시풍경一時風景 그지업다 　　한때 풍경 끝이 없다.

녹슈계변綠水溪邊 누른양유楊柳[5] 　푸른 계곡 노란 버들

만편황금萬片黃金[6] 쑤리난듯 　황금 가루 뿌리는 듯

청순곡즁靑山谷中 불근도화桃花 　푸른 산속 붉은 도화

일변홍우一變紅雨[7] 젹시난듯 　붉은 비로 적시는 듯,

편시츈몽片時春夢[8] 씨다르니 　한때 춘몽 깨달으니

구십쇼광九十韶光[9] 느져간다 　구십 봄빛 다 지난다.

---

1. 시유숨월: 시유삼월. 때는 3월.
2. 셔속모츈: 서속모춘. 계절은 늦은 봄. 이상의 구절은 당나라 시인 왕발(王勃, 650~676)의 〈등왕각
　서(滕王閣序)〉의 "때는 9월이요, 계절은 삼추로다.(時維九月 序屬三秋)"를 본뜬 것임.
3. 동풍작야 홀긔: 동풍작야 홀기. 지난밤 동풍이 갑자기 불어오니.
4. 구십츈광: 구십춘광. 90일간의 봄빛.
5. 양유: 양류. 버드나무.
6. 만편황금: 만 조각 황금. 버드나무가 노랑을 띠는 연두색으로 물드는 것을 표현한 말.
7. 일변홍우: 순식간에 내리는 붉은 비.
8. 편시츈몽: 편시춘몽. 편시(片時)는 조각 시간. 춘몽은 봄꿈. 짧은 동안의 봄꿈.
9. 구십쇼광: 구십소광. 90일간의 밝은 봄빛.

중국 여인들의 삶은

어와 벗님너야　　　　　　어와 벗님네야

꽃구경 가즈셔라　　　　　　꽃구경 가자구나.

요지연瑤池宴의 서왕모西王母[1]는　　요지연의 서왕모는

쳔년도千年桃[2]로 잔치ᄒᆞ고　　복숭아로 잔치하고

쳔틱슨天台山 마고션녀麻姑仙女[3]　　천태산의 마고 선녀

운모병풍雲母屏風[4] 둘너쳣다　　운모병풍 둘러쳤다.

---

1. 요지연의 서왕모: 요지연의 서왕모. 요지연은 요지에서의 잔치. 요지는 곤륜산(崑崙山) 꼭대기에 있는 연못. 서왕모는 도교에서 말하는 최고위 선녀(仙女). 곤륜산을 다스리는 선녀로 절세미인으로 묘사되기도 하고,《산해경(山海經)》등에서는 표범의 꼬리와 호랑이의 이빨을 한 모습으로 묘사되기도 함. 먹으면 불로장생한다는 복숭아의 소유자로 누구보다도 신성한 존재로 인정받음. 주(周)나라 목왕(穆王, B.C. 992~922)을 맞이하여 잔치를 벌인 이야기, 한(漢)나라 무제(武帝, B.C. 156~87)를 방문하여 천도(天桃)를 주었다는 이야기 등이 유명함.
2. 천년도: 천년도. 먹으면 불로장생한다는 전설상의 복숭아. 삼천 년에 한 번 열리는 신성한 복숭아로 반도(蟠桃), 천도(天桃)라고도 함. 서왕모가 이 복숭아가 열리는 과수원을 관장하며 복숭아가 열리는 시기가 되면 모든 신선들을 초대해 연회를 베풀었다고 전함.
3. 쳔틱슨 마고션녀: 천태산의 마고선녀. 천태산은 중국 절강성(浙江省) 천태현(天台縣)에 있는 불교 4대 영산의 하나. 깎아지른 듯한 절벽과 기암기봉(奇巖奇峰)이 많아 예로부터 선녀가 살고 불로초가 자란다는 등의 전설이 전해 옴. 마고는 중국의 전설에 나오는 선녀. 상당한 미인으로, 입고 있는 옷에서 불가사의한 빛이 나와 사람들을 현혹시키기도 하며, 새처럼 긴 손톱이 있어 그것으로 긁으면 기분이 매우 좋아진다고 함. 중국에서는 고여산(姑餘山)에 산다고 전해 오나, 우리나라에서는 특이하게 천태산에 사는 선녀로 주로 표현됨.
4. 운모병풍: 광물의 일종인 운모로 만든 병풍으로 화려한 선계를 묘사할 때 쓰임.

진루상秦樓上⁵ 발근달은   진루 위의 밝은 달은

농옥弄玉의 옥통쇼玉洞簫⁶오   농옥의 옥통소요

쵸협楚峽의 져문비⁷는   초협의 저녁 비는

신녀神女의 힝장行藏⁸이라   신녀의 나들이라.

침양졍沈香亭의 양귀비楊貴妃⁹는   침향정의 양귀비는

히당화海棠花¹⁰ 잠이든덧   해당화가 잠이 든 듯

광흔젼廣寒殿 져항아姮娥¹¹은   광한전의 저 항아는

---

5. 진루상: 진루의 위. 진루는 춘추시대 진(秦)나라 목공(穆公, ?~B.C. 621)이 딸인 농옥(弄玉, ?~?)을 위해 만들어 준 누각. 이 누각에서 남편인 소사(蕭史)와 통소를 즐겨 불었다고 전함.

6. 농옥의 옥통쇼: 농옥의 옥통소. 농옥은 진목공의 딸. 통소를 잘 부는 소사(蕭史)를 좋아하여 그에게 시집가 통소를 배워, 부부가 봉황을 타고 하늘에 올라 신선이 되었다고 함.

7. 쵸협의 져문비: 초협의 저문 비. 초협은 중국 무산(巫山)의 동쪽에 있는 협곡. 일반적으로 사천성(泗川省) 무산현에 있는 험준한 무협(巫峽)을 가리킴. 춘추시대 초(楚)나라 회왕(楚懷王, ?~B.C. 296)이 꿈속에 신녀(神女)를 만나 동침하였는데, 신녀가 떠나면서 "첩은 무산(巫山) 남쪽 높은 봉우리에 사는데, 아침에는 구름이 되고 저녁에 비가 되어 매일 아침저녁 양대(陽臺) 아래에 있습니다." 하였다함. 이에 그곳의 저녁 비는 선녀의 화신으로 여겨짐.

8. 힝장: 행장. 나서서 일을 행함과 들어가 숨는 일.

9. 침양졍의 양귀비: 침향정의 양귀비. 침향정은 양귀비(楊貴妃, 719~756)와 당 현종(玄宗, 685~762)이 모란꽃을 구경하던 정자.

10. 히당화: 해당화. 장미과의 낙엽 활엽 관목. 강가나 바닷가에서 자라며, 여름에 붉은 꽃을 피움. 당 현종이 양귀비가 취해 잠든 모습이 꽃처럼 아름답다고 여겨 '해당화'로 표현한 적이 있음.

11. 광흔젼 져항아: 광한전의 저 항아. 광한전은 달 속에 있다는 상상의 궁전. 항아는 달 속에 산다는 전설 속의 선녀. 예(羿)의 아내로, 남편 예가 서왕모에게서 불사약을 얻어오자 그것을 몰래 훔쳐 달 속으로 도망쳤다고 전함.

단계슈丹桂樹[12] 히롱戱弄ᄒ다   붉은 계수 희롱하네.

문왕文王의 틱ᄉ씨太姒氏[13]언   문왕의 태사씨는

즁곡中谷의 칠을키고[14]   계곡에서 칡을 캐고

강남江南의 치련년採蓮女[15]난   강남의 연꽃 처녀

나군향금羅裙香衾[16] 비취ᄂ딕   비단 치마 입었는데,

봄날니 더듸가이   봄날이 더디 가니

여심상비女心傷悲[17] 이안이가   우리 상심 이 아닌가.

---

12. 단계슈: 단계수. 붉은 계수나무. 달나라에서 자란다고 함.

13. 문왕의 틱ᄉ씨: 문왕의 태사씨. 주(周)나라 문왕(文王, B.C. 1152~1056)의 부인 태사씨(太姒氏). 그녀
   는 성녀(聖女)의 자질이 있어 문왕과 결혼하자 주나라가 크게 부흥했다고 함.

14. 즁곡의 칠을 키고: 중곡에서 칡을 캐고. 중곡은 골짜기. 문왕의 왕비 태사씨를 찬양한 노래가《시경
   (詩經)》〈국풍(國風)〉에 "칡덩굴이 쭉쭉 뻗어 중곡으로 뻗어가네.(葛之覃兮 施于中谷)"라고 전함. 태
   사씨는 골짜기의 칡으로 옷을 만들어 주나라를 흥하게 한 공덕이 있음.

15. 강남의 치련년: 강남의 채련녀. 강남에서 연을 캐는 처녀. 강남은 중국의 양자강 이남 지역을 말함.

16. 나군향금: 비단 치마와 향긋한 이불.

17. 여심상비: 여인의 마음이 슬퍼짐.

우리의 삶은

닉측_{內則}[1]을 오은[2]후_後의   여자 규범 전념한 후
옛일을 싱각ᄒ니   옛일을 생각하니,
규즁_{閨中}의 ᄊ인몸이   규중에 싸인 몸이
삼종지도_{三從之道}[3] 고이ᄒ여   삼종지도 곱게 여겨
길삼방젹_{紡績}[4] 일을삼고   길쌈으로 일을 삼고
쥬ᄉ시의_{酒食是議}[5] 세월_{歲月}이라   술과 밥만 차린 세월,
일싱_{一生}의 녹〃_{碌碌}[6]ᄒ여   일생이 초라하여
문_門박글 모른고야   집 바깥은 몰랐구나.

---

1. 닉측: 내칙. 부녀자들이 배워야 할 도리.
2. 오은: 전념한. 옛말 '오으다'는 '專(전, 오롯이)'의 의미.
3. 삼종지도: 삼종지도. 예전에 여자가 따라야 할 세 가지 도리를 이르던 말. 어려서는 아버지를, 결혼해
   서는 남편을, 남편이 죽은 후에는 자식을 따라야 한다는 말.
4. 길삼방젹: 길쌈과 방적. 옷감을 짜는 일.
5. 쥬ᄉ시의: 주사시의. 술과 밥과 같은 일만 의논함. 《시경(詩經)》에 "딸을 기를 때에는 잘못하는 일도
   없고 잘한다고 나서는 일도 없게 하면서, 오직 술과 밥 같은 것만을 의논하게 한다.(無非無儀 唯酒食
   是議)"는 구절이 있음.
6. 녹녹: 녹록. 평범하고 보잘것없음.

화전놀이를 해 볼까

부유浮游갓흔 이인싱人生니   떠도는 이내 인생

암〃暗暗¹코 헤여보니   조용히 생각하니

아동방我東方 부녀婦女 노름   우리 동방 여자 놀이

화전花煎밧게 쏘인난가   화전밖에 또 있는가.

강슨江山도 가려佳麗ᄒ고   강산도 아름답고

일긘日氣도 온화溫和 흔딕   날씨도 따뜻한데

씩도죠흔 삼츈三春이라   때도 좋은 봄날이라

화전花煎노리 ᄒ여보세   화전놀이 하여 보세.

압뒤집의 신가랑新嫁娘과   앞뒷집의 새색시와

상ᄒ춘上下村²의 식며나리   위아랫마을 새 며느리

모니나니 홍상紅裳이오   모이니 붉은 치마

입고나니 녹의綠衣로다   입고 나니 초록 저고리.

아히넌동女童 불너닉야   어린 여종 불러내어

솟쑤예³라 이고가즈   솥뚜껑을 이고 가자.

---

1. 암〃코: 암암코. 조용하게.
2. 상ᄒ춘: 상하촌. 일반적으로는 아랫마을과 윗마을로 풀이하나, 여기서는 봉화군 삼동리의 황새마을(상학동)과 아래황새마을(하학동)을 뜻하는 말. 대조산 아래에 상학동이 있고, 동남쪽 1km 거리에 하학동이 있음.
3. 솟쑤예: 솥뚜껑.

빅분청유白粉清油[4] 분별分別ᄒ여 　　흰 가루 맑은 기름

기경쳐奇景處을 ᄎᄌ가니 　　좋은 경치 찾아가니

딕죠산大鳥山[5] 놉푼곳딕 　　대조산 높은 곳에

화심강花芯江[6]니 둘너쏘야 　　화심강이 둘렀구나.

녹양방쵸綠楊芳草 힝화간杏花間의 　　푸른 버들 살구꽃 사이로

삼〃오〃三三五五 가는 기상氣像 　　삼삼오오 가는 모습

응지凝脂[7]갓흔 살빗치오 　　기름 같은 살결이요

박씨갓흔 호치皓齒로다 　　박씨 같은 흰 이로다.

홍화빅화紅花白花 만발滿發흔딕 　　홍백 꽃들 만발한데

ᄎ〃次次로 드려가니 　　점점 더 들어가니

빅접白蝶은 춤을츄고 　　흰 나비는 춤을 추고

황봉黃蜂은 노릭ᄒ다 　　노란 벌은 노래한다.

쥬슈호치朱脣皓齒[8] 고은양ᄌ樣姿 　　아리따운 고운 모습

---

4. 빅분청유: 백분청유. 흰 가루와 맑은 기름.

5. 딕죠산: 대조산. 경북 봉화군 명호면 삼동리에 있는 산. 이 책 말미에 '우삼동정사(于三洞精舍, 삼동정
　사에서)'라는 필사기가 나오는데, 이로 이 책의 작자가 삼동에 거주하는 인물임을 알 수 있고, 대조산
　이 있는 삼동은 경북 봉화의 삼동이 유일하므로 이 책의 지역을 확정할 수 있음.

6. 화심강: 대조산을 둘러싸고 흐르는 낙동강 상류의 명칭. 삼동2리의 금장락(琴長洛) 님의 증언에 따르
　면 삼동리의 아래를 흐르는 모래가 많던 강변을 '화심우'라고 하였다고 함. 이 강변에서 따와 화심강
　으로 부른 듯함.

7. 응지: 엉긴 기름. '피부가 엉긴 기름 같다'라고 하는 것은 예전에 피부를 표현하던 한 방식.《시경(詩經)》
　의 〈석인(碩人)〉에 "손은 부드러운 삘기 같고, 살은 엉긴 기름과 같다.(手如柔荑 膚如凝脂)"는 구절이 있음.

8. 쥬슈호치: 주순호치. 붉은 입술과 하얀 이. 미녀의 모습을 형용하는 표현.

봉화군 삼동리 일대

A: 대조산, B: 상학동上鶴洞, C: 하학동下鶴洞

삼동2리(황새마을)와 대조산

지금은 1970년대에 건설된 도로가 가운데를 관통하고 있지만, 그 이전까지 이 마을은 하나의 동네였다. 한양漢陽 조趙 씨의 마을로 이 책을 지은 이는 1850년경에 태어나 4남매를 낳고 살았던, 그중 한 따님은 안동 김씨네로 출가시킨 인물인데, 아마 이 지역의 세력가였던 한양 조씨일 가능성이 높다. 사진의 가운데 동그라미 표시한 산이 대조산이다.

꼿싸랴고 홋터지니 　　　　꽃 따느라 흩어지니

녹의홍상綠衣紅裳 져빗치오 　　녹의홍상 꽃빛이요

칠보단장七寶丹粧 져빗치라 　　칠보단장 꽃빛이라.

꼿흘무려 스람인가 　　　　　꽃을 찾아 사람인가

스람만나 꼿치넌가 　　　　　사람 만나 꽃이런가

꼿포긔의 우숨소리 　　　　　꽃포기 속 웃음소리

스람인지 격실的實ᄒ다 　　　사람이 분명하네.

청슨靑山의 솟흘걸고 　　　　푸른 산에 솥을 걸고

홍상紅裳의 꼿흘모화 　　　　붉은 옷에 꽃을 모아

셤"옥슈纖纖玉手9 다시씨고 　섬섬옥수 다시 씻고

정화슈井華水10의 갈글11풀어 　맑은 물에 가루 풀어

두례"" 지져너니 　　　　　둥글둥글 지져내니

맛쏘죳타 졔일미第一味라 　　맛도 좋아 일미로다.

들고부니 온달12이오 　　　　들고 보면 온달이요,

---

9. 셤"옥슈: 섬섬옥수. 가늘고 고운 손.

10. 정화슈: 정화수. 첫새벽에 길은 맑고 깨끗한 우물물. 여기서는 깨끗한 물임을 과시하기 위한 비유적
표현임.

11. 갈글: 가루를.

12. 온달: 이지러지지 않은 완전한 달. 보름달. 여기서는 둥글게 부쳐진 화전의 모양을 비유한 말.

쓴어보니 반달이라

맛쏘수 죠커이와

모양模樣죠츠 더욱죳타

일편청슌一便靑山[13] 방쵸간芳草間의

화젼향긔花煎香氣 어리언늬

홍능병紅綾餠[14]니 죳타흐면

먹어보니 뉘잇쓰며

자타봉紫駝峰[15]니 죳타흐면

이맛슬 당當홀손가

끊어 보면 반달이라.

맛도야 좋거니와

모양조차 더욱 좋다.

청산 한편 꽃밭 사이

화전 향기 어리었네.

홍릉병이 좋다 하나

먹어본 이 누구 있으며

자타봉이 좋다 하나

이 맛을 당하리까.

---

13. 일편청순: 일편청산. 청산의 한쪽.

14. 홍능병: 홍릉병. 붉은 비단으로 겉을 싼 고급 떡의 일종. 중국의 왕이나 귀족 집안에서 주로 먹었다
고 전함.

15. 자타봉: 붉은 털빛을 가진 낙타의 봉우리. 낙타의 등살로서 천하의 진미로 알려짐.

봄날의 명시들

곳ㅅ이의 슬을부어	꽃 속에서 술을 부어
췩포醉飽[1]토록 먹근후後의	배부르게 먹은 후에
곳틀비겨[2] 안석案席[3]ᄒ고	꽃에 기대 방석 삼고
풀을ᄯᅥ ᄌ리ᄒ고	풀을 뜯어 자리 삼아
바위암상巖上 놉피안ᄌ	바위 위에 높이 앉아
만고풍유萬古風流 싱각ᄒ니	만고풍류 생각하니
방화슈류 과젼쳔訪花隨柳過前川[4]은	"방화수류 과진천"은
졍명도程明道[5]의 도덕道德이오	정자의 도덕이요
만ᄌ쳔홍 총시츈萬紫千紅總是春[6]은	"만자천홍 총시춘"은

---

1. 췩포: 취포. 취하여 배부르도록.
2. 곳틀비겨: 꽃을 비겨. 꽃을 기대어.
3. 안석: 안석. 벽에 세워 놓고 앉을 때 몸을 기대는 방석.
4. 방화슈류과젼쳔: 방화수류과전천(訪花隨柳過前川). "꽃을 찾아 버들을 따라 시냇물을 건너가네." 정명도(程明道, 1032~1085)의 〈춘일우성(春日偶成)〉에서 인용함.

   구름 연하고 바람 가벼운 한낮   雲淡風輕近吾天
   꽃을 찾아 버들을 따라 시냇물을 건너가네.   訪花隨柳過前川
5. 정명도: 정명도(程明道, 1032~1085). 송나라 학자 정자(程子).
6. 만ᄌ쳔홍총시츈: 만자천홍총시춘(萬紫千紅總是春). "울긋불긋 아름다운 꽃 온통 봄이로다." 주희(朱熹, 1130~1200)의 〈춘일(春日)〉에서 인용함.

   봄바람 얼굴에 불어도 느끼지 못한 채   等閑識得東風面
   울긋불긋 아름다운 꽃 온통 봄이로세.   萬紫千紅總是春

쥬회암朱晦庵[7]의 범위範圍[8]로다 주자의 본보기라

일〃간진 장안화一日看盡長安花[9]은 "일일간진 장안화"는

밍호련孟浩然[10]의 호걸豪傑이오 맹호연의 호방이요

츈릐화죠 막심슈春來花鳥莫深愁[11]은 "춘래화조 막수심"은

두즈미杜子美[12]의 문장文章이라 두보의 문장이라.

야화졔조 일반츈野花啼鳥一般春[13]은 "야화제조 일반춘"은

화슨쳐ᄉ華山處士 진박陳摶[14]이오 화산처사 진단이요

---

7. 쥬회암: 주회암(朱晦庵). 회암은 송나라 학자 주희(朱熹, 1130~1200)의 호.

8. 범위: 본보기 · 가르침의 의미. 범위(範衛)는 전근대 시대에는 "한 글즈와 반 구절이 도모지 성인을 짓난 범위니라《삼성훈경(三聖訓經, 1880)》"에서 보이듯, '본보기 · 가르침'의 의미로도 쓰였음.

9. 일〃간진장안화: 일일간진장안화(一日看盡長安花). "하루에 장안의 꽃들을 모조리 구경했다네." 당나라 시인 맹호연(孟浩然, 689~740)이 자신의 과거 급제를 자축한 〈등과후(登科後)〉의 한 구절에서 인용함.

    봄바람 속에 뜻을 얻어 말발굽도 부리나케   春風得意馬蹄疾

    하루에 장안의 꽃들을 모조리 구경했다네.   一日看盡長安花

10. 밍호련: 맹호연(孟浩然, 689~740). 당나라의 시인.

11. 츈릐화죠막심슈: 춘래화조막심수(春來花鳥莫深愁). "봄이 오매 꽃과 새들은 너무 시름하지 말라." 당나라의 문인 두보(杜甫, 712~770)의 〈강상치수여해세요단술(江上値水如海勢聊短述)〉에서 인용함.

    늙어서의 시들은 부질없는 흥취일 뿐   老去詩篇渾謾興

    봄이 오매 꽃과 새들은 너무 시름하지 말라.   春來花鳥莫深愁

12. 두즈미: 두자미. 당나라 시인 두보(杜甫, 712~770). 자미는 자(字).

13. 야화졔조일반츈: 야화제조일반춘(野花啼鳥一般春). "들의 꽃과 우는 새는 보통 봄과 같구나." 송나라 학자 진단(陳摶, 871~989년경)의 〈귀은(歸隱)〉에서 인용함.

    옛 책을 가지고 은거지로 돌아오니   攜取舊書歸舊隱

    들의 꽃과 우는 새는 보통 봄과 같구나.   野花啼鳥一般春

14. 진박: '진박'은 송의 역학자 진단(陳摶, 871~989년경)의 잘못. 단(摶)과 '박(搏)'의 자형이 유사해 착각한 것. 진단은 호가 희이(陳希夷)이고, 화산에 들어가 살았기에 화산처사(華山處士)로도 불림.

오궁화쵸 미유경_{吳宮花草埋幽徑}은[15] "오궁화초 매유경"은
금능회고_{金陵懷古} 젹선_{謫仙}이라[16] 금릉회고 이백이라.
막듸무화 공졀지_{莫待無花空折枝}는[17] "막대무화 공절지"는
두츄랑_{杜秋娘}[18]의 방심_{芳心}[19]이오 두추랑의 마음이요
슉화호졉 몽혼향_{宿花蝴蝶夢魂香}[20]은 "숙화호접 몽혼향"은
소부인_{蘇夫人}[21]의 구긔로다 소부인의 글귀로다.

---

15. 오궁화쵸미유경: 오궁화초매유경(嗚宮花草埋幽徑). "오나라 궁궐의 화초는 오솔길을 덮음." 당나라
   시인 이태백(李太白, 701~762)의 〈등금릉봉황대(登金陵鳳凰臺)〉에서 인용함.
   오나라 궁궐의 화초는 오솔길을 덮었고　　　　嗚宮花草埋幽徑
   진나라 때 의관도 옛 언덕을 이루었네.　　　　晉代衣冠成古丘
16. 금능회고 적선: 금릉회고 적선. 금릉을 회고하는 적선. 〈등금릉봉황대(登金陵鳳凰臺)〉를 지은 이태
   백(李太白, 701~762)을 칭함.
17. 막듸무화공절지: 막대무화공절지(莫待無花空折枝). "꽃 없기를 기다려 빈 가지를 꺾지 마소." 당나라
   의 기녀 두추랑(杜秋娘, 791년경~?)의 〈금루의(金縷衣)〉에서 인용함.
   꽃은 피어 꺾을 만하면 바로 꺾어야지　　　　花開堪折直須折
   꽃 없기를 기다려 빈 가지를 꺾지 마오.　　　莫待無花空折枝
18. 두츄랑: 두추랑(杜秋娘, 791년경~?). 당나라 기녀로 본이름은 두추(杜秋)이나 후세에 두추랑(杜秋娘)
   으로 부름.
19. 방심: 향기로운 마음.
20. 슉화호접몽혼향: 숙화호접몽혼향(宿花蝴蝶夢魂香). "꽃 속에 잠자는 나비의 꿈이 향기롭네." 송나라
   소순(蘇洵, 1009~1066)의 딸인 소소매(蘇小妹)가 지은 시에서 인용함.
   달 향해 우는 두견이의 혀가 차갑고　　　　叫月杜鵑喉舌冷
   꽃 속에 잠자는 나비의 꿈이 향기롭네.　　　宿花蝴蝶夢魂香
21. 소부인: 송나라 소순(蘇洵, 1009~1066)의 딸인 소소매(蘇小妹). 소동파(蘇東坡, 1037~1101)와 소철(蘇
   轍, 1039~1112)의 누이로 소소매 역시 오빠들 못지않게 문장에 뛰어났다고 전함.

여자의 자부심으로

어와모든 번임녀야	어와 모든 벗님들아
녀즈일신女子一身 한恨을마소	여자 한 몸 한탄 마소.
천지음양天地陰陽 빈합配合되야	천지음양 합해져서
쵸목군싱草木群生 즈락自樂[1]ᄒ니	초목 군생 즐거우니
남즈男子라고 이른디도	남자라 하더라도
문장호걸文章豪傑 멧〃치며	문장호걸 몇몇이며
녀즈女子라고 이른디도	여자라 하더라도
이목구비耳目口鼻 업슬손가	이목구비 없겠는가.
귀로들려 바람이오	귀로 들려 바람이요
눈의가듯 월싴月色이라	눈에 보여 달빛이라
천지조물天地造物 무진無盡ᄒ고	천지 경치 끝이 없고
강산풍월江山風月 임즈업셔	강산풍월 임자 없어
고금천지古今天地 만천년萬千年의	고금천지 오랜 세월
취지무금取之無禁 ᄒ여쓰라[2]	가져가도 금치 않네.

---

1. 쵸목군싱즈락: 초목군생자락(草木群生自樂). 풀과 나무, 여러 짐승들이 스스로 즐거움. 《한서(漢書)》에 "초목군생의 물건은 모두 스스로 즐거워함이 있다.(草木群生之物 皆有以自樂)"라는 내용이 있음.
2. 귀로들려~ᄒ여쓰라: 중국 송나라 문인 소동파(蘇東坡, 1037~1101)의 〈적벽부(赤壁賦)〉를 차용한 구절. '취지무금(取之無禁)'은 가져도 금할 이가 없음.

우리비록 녀즈女子 나마
풍월쥬인風月主人 이안인가
시츅詩軸 [3]은 업스나마
흥미興味야 달을손가
남즈男子도 글업스면
단청丹靑의 쇼경[4]이오
입신힝도立身行道 못ᄒ오면
부귀공명富貴功名 발알손가
츠라이 녀즈女子 몸이
남男이나 의앙依仰[5]ᄒ여
화슌和順으로 일을삼고
침즈針刺[6]로 낙樂을삼아
셰ᄉ世事을 모르거니
시비是非ᄒ리 뉘인는가

우리 비록 여자지만
풍월주인 이 아닌가.
시를 쓰진 않지만
흥겨움은 다를쏜가.
남자라도 글 모르면
단청 앞의 소경이요
입신양명 못 한다면
부귀공명 바랄쏜가.
차라리 여자 몸이
남자를 의지하여
화목으로 일을 삼고
바느질로 낙을 삼아
세상살이 모른대도
시비할 이 뉘 있는가.

---

3. 시츅: 시축. 시를 적는 두루마리.
4. 단청의 쇼경: 단청의 소경. 단청은 옛집의 벽, 기둥, 천장 등에 그려 넣은 붉고 푸른 빛깔의 무늬. 소경
　은 장님. 좋은 것이 있어도 아무런 소용없는 상황의 비유.
5. 의앙: 의지하고 우러러 봄.
6. 침즈: 침자. 바느질하고 수놓는 일.

잇긔나니 청춘青春이오

바리나니 친귀親舊로다

석양夕陽은 재을넘고

오작烏鵲[7]은 나라든다

향풍香風이 곳흘불어

홍상紅裳[8]의 써러지니

문치文彩도 황홀恍惚ᄒ고

광경光景이 그지업다

아끼나니 청춘이요

바라는 것 친구로다.

석양은 재를 넘고

까막까치 날아든다.

향긋한 바람 꽃에 불어

붉은 옷에 떨어지니

무늬가 황홀하고

좋은 풍경 끝이 없다.

---

7. 오작: 까마귀와 까치.

8. 홍상: 붉은 치마.

이제는 돌아갈까

좌즁座中이 이말듯고	좌중이 이 말 듣고
일장듸쇼一場大笑 ᄒ온후後의	큰 소리로 웃은 후에
여흰단장丹粧[1] 다시ᄒ고	흩은 단장 다시 하고
츄파秋波[2]을 흘려보니	추파를 흘려 보니
불여귀不如歸[3] 우난쇼리	접동새 우는 소리
청산빅일靑山白日 져문고야	청산이 저물도다.
쏫흘쥬어 손의들고	꽃을 주워 손에 들고
후긔後期을 다시ᄒ니	훗날 약속 다시 하니
미〃微微이[4] 우난모양	살며시 웃는 모양
녀즈풍유女子風流 노리난듯	여자 풍류 놀리는 듯,
이슬리 눈물되야	이슬이 눈물 되어
이별離別을 익씨ᄂ듯[5]	이별을 아끼는 듯,
명년삼월明年三月 다시오면	내년 삼월 다시 오면
반가니 다시볼까	반가이 다시 볼까.

1. 여흰단장: 흐트러진 차림새.
2. 츄파: 추파. 가을 물결. 여인의 서늘하도록 아름다운 눈길.
3. 불여귀: 돌아갈만 못함. 두견새를 달리 이르는 말.
4. 미〃이 : 미미이. 희미하게, 살며시.
5. 익씨ᄂ듯: 아끼는 듯. 아쉬워하는 듯.

5

계여스

〈계녀사戒女詞〉는 '딸을 경계하는 노래'이다. 조선 후기 여성들 사이에서 유행한 가사를 내방가사內房歌辭라고 하는데, 〈계녀사〉는 〈화전가花煎歌〉와 함께 내방가사를 이끌어 가던 두 바퀴라고 할 수 있다. 이 두 노래는 사뭇 대비적인데, 〈화전가〉가 갑갑한 유교적 질서를 벗어나고자 하는 욕망을 담고 있다면, 〈계녀사〉는 유교적 질서를 따르며 인간답게 살라는 규율을 담고 있다.

〈계녀사〉가 유행했던 곳은 안동을 중심으로 한 경북 내륙 지역들이다. 유교적 질서가 비교적 강한 분위기의 지역에서 딸들이 시집가기 전 시집살이에 대한 법도를 노래에 담아내었다. 규율의 주된 근거는《소학小學》,《주자가훈朱子家訓》등이다. 이 책들에서 여성들의 의무와 선행에 관련된 내용을 추려 엮었던 것이다.

〈계녀사〉는 주로 두루마리 형태로 적혀서 전수되었는데 현재 700수 이상의 노래가 수집되어 있다. 이 노래들은 유사한 구조를 지니면서도 표현에서는 약간씩의 차이가 있다. 이 방면의 권위자인 권영철 교수는 이 구조를 ① 서사, ② 시부모 섬기기, ③ 남편 섬기기, ④ 친척과 화목하기, ⑤ 제사 받들기, ⑥ 손님 대접, ⑦ 태교, ⑧ 아이 키우기, ⑨ 종 다스리기, ⑩ 재산 관리, ⑪ 집밖 출입, ⑫ 평소의 마음가짐, ⑬ 결사의 화소로 추려낸 바 있다.

소창문고본 〈계녀사〉는 위 13개 화소를 모두 갖추고 있는 전형적인 계녀사로, 기존 계녀사와 비교해 볼 때, 경북 안동군 서후면 이계동에서 1960년대에 수집된 본(권영철, 14쪽에 수록됨)과 대동소이하다. 이는

1900년의 소창문고본의 원소유자와 1960년대 안동군 이계동의 원소
유자가 같은 집안임을 시사하는 흥미로운 실마리가 된다.

신행新行 (김홍도金弘道. 1745~1806, 국립중앙박물관 소장)

조선 후기 결혼 모습. 사모관대를 한 신랑이 백마를 타고 일행과 함께 신부집으로 가고 있다. 청사초롱을
든 아이, 기러기를 든 아비 등이 앞장섰고 그 뒤로 말을 모는 하인 등이 뒤따르고 있다. 마지막 장옷을 쓰
고 말을 탄 나이 든 여인은 매파媒婆 정도로 추정하고 있다.

딸, 너를 보내며

아히야 드려바라   딸아이야 들어봐라

닉일_{來日}이 신힝_{新行}[1]이라   내일이 신행이라.

친정_{親庭}을 ᄒ즉_{下直}ᄒ고   친정을 하직하고

시가_{媤家}로 드려가니   시가로 들어가니

네마암 엇더홀고   네 마음 어떠할꼬

닉심시_{心事} 갈밬[2]업다   내 마음도 둘 곳 없다.

빅마_{白馬}의 짐을실고   백마에 짐을 싣고

금반_{金鞶}[3]을 구지민야   금안장을 굳게 매고

문밧게 보닐젹예   문밖으로 보낼 적에

경계_{警戒}홀말 ᄒ고만타   당부할 말 많고 많다.

---

1. 신힝: 신행. 혼인할 때에, 신랑이 신부의 집으로 가거나 신부가 신랑의 집으로 감.

2. 갈밬: 갈 발(足). 갈 곳. 둘 곳.

3. 금반: 금안. 금 안장. 잘 꾸민 안장.

시부모님의 아침저녁은

부모父母님게 스관餐館[1]홀졔	시부모님 문안할 때
세슈洗手을 일즉ᄒ고	세수를 일찍 하고
문밧긔서 졀을ᄒ고	문밖에서 절을 하고
갓가이 나아안ᄌ	가까이 가서 앉아
방房이나 덥쇼온가	방이나 따뜻한가
잠이나 편便ᄒ신가	잠이나 편하신가
살들이 물른 후後의	살뜰히 여쭌 후에
져근듯[2] 아ᄌ짜가	잠깐 동안 앉았다가
그만코 도라나와	그만하고 돌아 나와
진지을 차일젹의	진지를 차릴 적에
식셩食性을 무려가며	식성을 여쭤 가며
반찬飯饌을 맛게ᄒ여	반찬을 맞게 차려
ᄭᅮ려안ᄌ 진지ᄒ고	꿇어앉아 상 올리고,

---

1. 스관: 사관. 신부가 시집와서 시부모께 새벽에 인사 올리고 저녁 잠자리를 봐 드리는 일. 예전에는 이 의례를 석 달 동안 하였기에 '석 달 사관'이라고 함.
2. 져근듯: 잠깐 동안.

식상食床을 물인후後의　　　　밥상을 물린 후에
할일을 살아보와　　　　　　할 일을 사뢰보아
다른일 업다시면　　　　　　다른 일이 없다시면
제방房의 도라나와　　　　　네 방으로 돌아와서
일손을 밧비드려　　　　　　일손을 바삐 들어
홍동 〃 〃³ 흥지말고　　　대강대강 하지 말고
자쥬 〃 〃⁴ 흥여쓰라　　　부지런히 하여라.
전역을 당흥거든　　　　　　저녁을 맞으면
앗츰과 갓치흥고　　　　　　아침과 같이 하고
어을물⁵ 당當흥거든　　　어스름 맞으면
식베⁶와 갓치흥고　　　　　새벽과 같이 하라.
어듸로 누으실고　　　　　　어디로 누우실지
자셔仔細니 사라보아⁷　　자세히 여쭤 보아
이불을 정淨케펴고　　　　이불을 깨끗이 펴고

---

3. 홍동 〃 〃: '홍돈홍돈'으로 된 이본도 있음. 문맥상 '미루며 천천히'의 의미.

4. 자쥬 〃 〃: 자주자주. 부지런히.

5. 어을물: 어슮을. 어슮 · 어으름 등은 저녁(夕)의 옛말.

6. 식베: 새배. 새벽의 옛말.

7. 자셔니 사라보아: 자세히 사뢰어 보아, 자세히 여쭈어 보아.

잘이을 편(便)케 ᄒ되 　　　　　잠자리를 편케 하되

부모(父母)임 긔력(氣力)보고 　　　부모님 기력 보고

부모(父母)임 말삼바다 　　　　부모님 말씀 들어

굿히여 말니시면 　　　　　구태여 말리시면

그만코[8] 아즛다가 　　　　가만히 앉았다가

절ᄒ고 도라나와 　　　　　절하고 돌아 나와

등촉(燈燭)을 도두오고 　　　　촛불을 돋우고

할일을 싱각ᄒ여 　　　　　할 일을 생각하여

칙(冊)을보나 일을ᄒ나 　　　책을 보나 일을 하나

이시니[9] 안즛다가 　　　　이슥토록 앉았다가

밤들거든 자거쓰라 　　　　밤 깊거든 잠들거라.

---

8. 그만코: 가만히, 조용히 말없이.

9. 이시니: 이슥토록, 밤이 이슥하도록, 밤이 깊을 때까지.

시부모님 병들거든

부모父母임 병病들거든	시부모님 병드시면
쳑염聽令[1]을 더욱ㅎ며	심부름을 더욱 하여
권쇽眷屬[2]이 만ㅎ나마	하인들이 많더라도
죵막게[3] 두지말고	종 맡겨 두지 말고
핑임烹飪[4]을 친親이ㅎ고	음식을 몸소 하고
탕약湯藥을 손죠싸려[5]	탕약을 손수 달여
병셰病勢을 보와가며	병세를 보아 가며
죽음粥飮[6]을 자죠권勸코	미음을 자주 권코
누으며 안즐젹긔	누우며 앉으실 때
살손[7]드려 부지扶持잡고	정성껏 부축하고
소믹[8]을 밧닐젹긔	소변을 받을 때는

---

1. 쳑염: 청령. 명령을 주의 깊게 들음. 심부름을 함.
2. 권쇽: 권속. 한집에 거느리고 사는 식구나 하인.
3. 죵막게: 종맡겨. 종에게 맡겨.
4. 핑임: 팽임. 삶고 지져서 음식을 만듦.
5. 손죠싸려: 손수 달여.
6. 죽음: 죽음. 묽은 죽.
7. 살손: 직접 살을 대서 만지는 손. 일을 정성껏 하는 손.
8. 소믹: 소매. 소변.

전쳐룸[9] 주지말고

송宋나라 진효부陳孝婦[10]난

시모媤母가 낙치落齒[11]ᄒ니

제작咀嚼[12]을 못ᄒ지라

젓먹겨 효양孝養 ᄒ고

당唐나라 노효부盧孝婦[13]는

도적盜賊이 밤의드니

시모媤母을 ᄭ려안고

도피逃避을 아니ᄒ니

이갓치 착ᄒ일을

너희도 ᄒ여쓰라

앞 눈길을 주지 말라.

송나라 진효부는

시어머니 이가 빠져

음식을 못 씹으니

젖 먹여 봉양했고

당나라 노효부는

도적이 밤에 들자

시어머니 끌어안고

도망가지 않았으니

이같이 착한 일을

너희도 본받아라.

---

9. 젼쳐룸: 미상. 이본에는 '젼쳐ᄆᆞ'으로도 되어 있기도 함. 젼쳠은 젼쳠(前瞻, 앞을 바라봄)의 의미이므로, '앞으로 보는 눈길'의 의미일 가능성이 있음.

10. 송나라 진효부: 송나라 진효부. 아마 중국 한(漢)나라 진(陳)효부의 잘못인 듯. 한나라 진효부는 남편이 전장에 나갔다가 죽자 개가하지 않고 시어머니를 정성으로 모셨는데, 그 이야기가 《소학(小學)》에 전함. 이어지는 '젖으로 시어머니를 봉양하는 며느리' 이야기 또한 《소학(小學)》에 나오는데 그 며느리는 당나라 사람 당부인(唐夫人)으로 되어 있음.

11. 낙치: 이가 빠짐.

12. 제작: 저작. 음식을 입에 넣고 씹음.

13. 당나라 노효부: 당나라의 노효부. 노(盧)효부는 중국 당나라 정의종(鄭義宗)의 아내로, 집안에 도적이 들어 시어머니가 위태롭게 되자 죽음을 무릅쓰고 홀로 시어머니를 지켰다는 이야기가 《소학(小學)》에 전함.

마음으로 모시거라

다른일 다던지고   다른 일 다 던지고

화슌和順키 졔일第一이라   화목이 제일이라.

부모父母을 효양孝養홀졔   부모님을 봉양할 때

구체口體[1]만 젼쥬專主[2]ᄒ여   몸 봉양만 전념하여

비곱풀졔 업게ᄒ고   배고플 때 없게 하고

치울졔 업게ᄒ되   추울 때 없게 해도

한말곳[3] 불슌不順ᄒ면   말 한마디 안 따르면

불효不孝라 이르일라   불효라 말하리라.

부모父母임 씨긴[4]일을   부모님이 시킨 일을

실타고 ᄒ지말고   싫다고 하지 말고

어버니 말인[5]일을   어버이 말리는 일

---

1. 구체: 구체. 입과 몸. 효도는 입과 몸을 봉양하는 '양구체(養口體)'와 부모의 뜻까지 공양하는 '양지(養志)'가 있음. 《논어(論語)》에 "지금 효라는 것은 '음식을 장만해 주는 것'을 말하는데, 개와 말도 모두 '음식을 장만'해 주며 키우니, 만약 공경하지 않는다면 무엇으로써 둘을 구별할 수 있으리오?(수之孝者 是謂能養. 至於犬馬 皆能有養, 不敬 何以別乎)"라는 구절이 있음.

2. 젼쥬: 전주. 오로지 그 일에 힘씀.

3. 한말곳: 말 한마디만. 하나만.

4. 씨긴: 시킨.

5. 말인: 말린.

쎄우고[6] 호지말고

부모父母임 꾸즁커든

업드려 감슈甘受 호고

아무리 올르나마

발명發明[7]을 밧비마라

발명發明을 밧비 호면

도분[8]만 필거시니

스싁辭色[9]을 보와가며

노긔怒氣가 풀인후後의

죵용從容[10]이 나아안즈

츠례次例로 발명發明 호면

부모父母임 우스시고

용셔容恕을 호시리라

우겨서 하지 말라.

부모님 꾸중하면

엎드려 달게 받고

아무리 옳더라도

변명을 바삐 말라.

변명을 바삐 하면

노여움만 생기나니

기색을 살펴 가며

노여움이 풀린 후에

조용히 나아 앉아

차례로 밝히면,

부모님 웃으시고

용서를 하시리라.

---

6. 쎄우고: 세우다. '우기다'의 옛말.

7. 발명: 잘못이 없음을 밝힘.

8. 도분: 화. 노여움의 경북 방언.

9. 스싁: 사색. 말과 얼굴빛.

10. 죵용: 차분하고 침착함. 조용.

남편과 화순하게

아히야 드려바라   딸아이야 들어봐라

쏘흔말 일르리라   또 한마디 이르리라.

지아비는 흐날이라   남편은 하늘이라

하날갓치 즁重홀손야   하늘같이 소중하니

언言〃이 죠심操心흐고   말마다 조심하고

사事〃의 공경恭敬흐야   일마다 공경하여

친親흐다 아당阿黨[1]말고   친하다고 아첨 말고

미덥따 방심放心말고   믿는다고 방심 말라.

흔반盤의 먹지말고   한 상에서 밥 먹지 말고

흔홰[2]의 거지말고   한 홰대에 옷 걸지 말고

닉외內外을 구별區別흐야   내외를 구별하며

셜압藝狎[3]지 마라쓰라   예의 없이 말려무나.

져구雎鳩[4]난 금슈禽獸로딕   물수리는 짐승이되

갓가이 안니안고   가까이 앉지 않고

---

1. 아당: 비위를 맞추며 아첨함.

2. 홰: 홰대. 옷을 걸 수 있게 만든 막대.

3. 셜압: 설압. 압설(狎褻). 사이가 너무 가까워서 예의가 없음.

4. 져구: 저구. 물수리.《시경(詩經)》의〈관관저구(關關雎鳩, 끼룩끼룩 물수리)〉에 나오는 새. 이 새는 태어날 때부터 정한 짝이 있다고 알려져 있는데, 이로 난잡하지 않은 동물의 상징으로 활용됨.

열이連理5는 쵸목草木이되 연리지는 초목이되

나지면 풀이거든 낮이 되면 풀리는데,

하물며 스람이야 하물며 사람인데

분별分別이 업슬손야 분별이 없을 텐가.

각결郤缺6이 밧츨민니 극결이 밭을 매니

그안히 졈심點心이고 그 아내 점심 이고

밧가의 마죠안ᄌ 밭두렁에 마주 앉아

손갓치 디졉待接하니 손님같이 대접하니,

청염聽令7을 할지라도 말씀을 따를진대

공경恭敬을 폐廢홀손가 공경함이 없을 텐가.

학업學業을 권면勸勉ᄒ여 학업을 권면하여

나틱懶怠케 말라쓰라 게으르지 않게 하라.

침셕枕席의 고혹蠱惑8ᄒ여 잠자리에 푹 빠뜨려

음난淫亂케 말라쓰라 음란하지 않게 하라.

투기妬忌을 과過니ᄒ면 질투가 지나치면

---

5. 열이: 연리, 연리지(連理枝). 서로 다른 가지가 맞닿아 하나로 된 나뭇가지. 인하여 화목한 부부애를
상징함.

6. 각결: 극결(郤缺, ?~?). 춘추시대 진나라 사람. 농사를 짓고 살던 극결과 그 아내는 부부간에 서로 공
경하는 모습이 마치 손님 대하는 듯하였는데, 그 모습을 본 사신이 그를 천거하여 큰 벼슬에 올랐다
는 고사가 《소학(小學)》에 전함.

7. 청염: 청령. 명령을 들음. 심부름함.

8. 고혹: 아름다움에 홀려 정신을 못 차림.

난기亂家9가 되오리라　　　　어지러운 집이 된다.

밧그로 마튼일을　　　　　　밖에서 맡은 일을

안흐로 간여干與 말고　　　　집안에서 참견 말고

안으로 맛튼일을　　　　　　집안에서 맡은 일을

밧그로 밋지말고10　　　　　밖으로 나게 말라.

어버니 꾸중커든　　　　　　어버이 꾸중하면

황공惶恐ᄒᆞ여 감슈甘受11ᄒᆞ고　두렵게 감수하고

가장家長이 꾸중커든　　　　남편이 꾸중하면

우스면 ᄃᆡ답對答ᄒᆞ라　　　웃으며 대답하라.

우스며 ᄃᆡ답對答ᄒᆞ미　　　웃으며 대답함이

공경恭敬은 부족不足ᄒᆞ나　　공경은 부족해도

부〃간夫婦間 ᄉᆞ리事理난　　부부 사이 이치는

화슌和順밧게 업난이라　　　화목밖에 없느니라.

---

9. 난기: 난가. 화목하지 못하고 소란스러운 집안.

10. 밋지 말고: 미치게(及) 하지 말고.

11. 감슈: 책망을 달갑게 받아들임.

친척과도 화목하게

아히야 들어바라
쏘흔말 일르일라
부모父母와 지아비는
인정人情이 지극至極ᄒ여
허무리 잇짜히도
나리쓰려[1] 보건이와
그 즁中의 어렵긔난
동싱同生과 지친至親[2]이라
지물財物을 시시ᄒ야[3]
동싱同生이 불화不和되고
언어言語을 잘못ᄒ여
지친至親이 불목不睦[4]되면
그아니 두려오며
그안니 죠심操心할짜

딸아이야 들어봐라
또 한마디 이르리라.
부모와 남편은
인정이 지극하여
허물이 있다 해도
없는 듯이 보거니와,
그 중의 어렵기는
형제와 친척이라.
재물을 시샘하여
형제와 불화되고
할 말을 잘못하여
친척과 불목되니
그 아니 두려우며
그 아니 조심할까.

---

1. 나리쓰려: 내리 쓸어. 문맥상 '허물을 덮고'.
2. 지친: 가까운 친척.
3. 시시하야: 시샘하여. 질투하고 시기하여.
4. 불목: 화목하지 않음.

일쳑포一尺布[5] 쓴어닉야   한 자 베도 잘라내어

동싱同生과 입버쓰라   형제와 나눠 입고

일두속一斗粟[6] 갈나닉여   한 말 쌀도 갈라내어

동싱同生과 먹거쓰라   형제와 나눠 먹어라.

지친至親은 우익羽翼[7]이라   친척은 날개러니

우익羽翼 업사 어이살리   날개 없이 어이 살리.

무스無事이 잇슬쩍는   아무 일 없을 때는

남보듯 ᄒ거이와   남 보듯이 지낸다만

급急흔쩌 당當ᄒ오면   급한 때 당한다면

지친至親밧긔 쏘잇난가   친척밖에 또 있느냐.

빈부貧富을 혜지말고   빈부를 계산 말고

염양炎涼[8]을 보지말고   권세에 상관 말고

의복衣服을 빌일젹긔   의복을 빌릴 때는

말업시 나여쥬고   말없이 내어주고

음식飲食을 논흘젹긔   음식을 나눌 때는

구무나게[9] 쥬지말라   모자라게 주지 말라.

---

5. 일쳑포: 일척포. 한 자의 베. 작은 크기의 베.

6. 일두속: 한 말의 조. 적은 양의 곡식.

7. 우익: 새의 날개. 도와주는 역할을 하는 사람의 비유.

8. 염양: 염량. 뜨거움과 서늘함. 세력의 성함과 쇠함.

9. 구무나게: 구멍나게. 모자라게.

제사 모시기

아히야 드려바라
쏘흔말 일르리라
봉졔스奉祭祀[1] 졉빈킥接賓客[2]은
부녀婦女의 큰일이라
졔스祭祀을 당當ᄒ거든
각별各別히 죠심操心ᄒ여
의복衣服을 가라입고
졔슈祭需을 졍淨케ᄒ고
방당房堂[3]을 쇄쇼刷掃[4]ᄒ고
현화喧譁[5]을 엄금嚴禁ᄒ고
졔미祭米[6]을 쓸흘[7]젹긔
히도록 다시쓸코

딸아이야 들어봐라
또 한마디 당부하마.
제사와 손님맞이
여자의 큰일이라.
제사를 맞이하면
각별히 조심하여
의복을 갈아입고
제사 음식 정갈하게
집과 방을 잘 쓸고
시끄러움 엄금하고
제사 쌀을 찧을 때는
하얗도록 다시 찧고

---

1. 봉졔스: 봉제사. 조상의 제사를 받들어 모심.
2. 졉빈킥: 접빈객. 손님을 대접함.
3. 방당: 방과 집.
4. 쇄쇼: 쇄소. 쓸고 닦아 깨끗이 함.
5. 현화: 훤화. 시끄럽게 떠듦.
6. 졔미: 제미. 제사 때 올릴 밥을 지으려고 마련한 쌀.
7. 쓸흘젹긔: 쓿할 적에. '쓿다'는 '쌀 등의 곡식을 찧어 속꺼풀을 벗기고 깨끗하게 하다'는 의미임.

졔믈祭物[8]을 씨흘격기　　　　제사 음식 씻을 때는

틔업시 다시쓸고　　　　　　티 없이 다시 씻고

우숨을 크게말라　　　　　　웃음을 크게 말라

뉘춤[9]이 쮜난이라　　　　　네 침이 튀느니라.

비질을 밧비말라　　　　　　빗질을 바삐 말라

문쥐[10]가 난ᄂᆞ니라　　　　　먼지가 나느니라.

건부나무[11] 쩌지말라　　　　마른 나무 때지 마라

불쎡가 든나이라[12]　　　　　불티가 떨어진다.

아ᄒᆡ들 봇쳐나마　　　　　　아이들이 보채어도

먼져쎼여 쥬지말고　　　　　먼저 떼어 주지 말고

종드리 죄罪잇셔도　　　　　종들이 잘못해도

미바람[13] 닉지말고　　　　　매질을 하지 마라.

졔쥬祭酒[14]을 말게ᄯᅳ고　　　제삿술은 맑게 뜨고

---

8. 졔믈: 제사에 쓰이는 음식.

9. 뉘춤: 네침. 너의 침.

10. 문쥐: 먼지.

11. 건부나무: 검부나무. 검불로 된 땔나무. 검불은 가느다란 마른 나뭇가지, 마른 풀, 낙엽 따위를 통틀
　　어 이르는 말임.

12. 든나이라: 듣나니라. 떨어지느니라.

13. 미바람: 매바람. 매질하며 내는 바람. 가혹하게 매질하는 흉흉한 분위기를 비유함.

14. 졔쥬: 제주. 제사에 쓰는 술.

제련祭䭏¹⁵을 졍淨게괴고¹⁶　　제사 떡은 졍케 쌓고

정신情神을 츠려가며　　　　　정신을 차려가며

싁슈¹⁷을 일치마라　　　　차례를 잃지 마라.

의복衣服을 푸지말고　　　　　의복을 풀지 말고

등쵹燈燭을 쓰지말고　　　　　촛불은 끄지 말고

쇼즉이¹⁸ 안즛다가　　　똑바로 앉았다가

달울기을 고딕苦待ᄒ여　　　　닭 울기를 기다려서

ᄒᆡᆼᄉ行祀¹⁹을 일즉ᄒ고　　제사를 일찍 하고

음복飮福²⁰을 ᄒᆞᆫ온후後의　음복을 행한 후에

음식飮食을 고로논히　　　　　음식을 고루 나눠

원망怨望업시 ᄒ여쓰라　　　　원망 없게 하려무나.

---

15. 제련: 제편. 제사에 쓰는 떡.

16. 괴고: 쌓고. '괴다'는 의식이나 잔칫상에 쓰는 음식을 차곡차곡 쌓아 올린다는 뜻.

17. 싁슈: 미상. 다른 본에는 "정신을 차려 가며 차례를 잊지 마라"로 되어 있음. 이를 참조한다면 '석수'
　　는 '제사 순서(順序)'의 의미.

18. 쇼즉이: 꼿꼿이. 똑바로.

19. ᄒᆡᆼᄉ: 행사. 제사를 지냄.

20. 음복: 복을 마심. 제사를 지내고 난 뒤 제사에 쓴 음식을 나누어 먹음.

손님맞이

봉졔〻奉祭祀도 ᄒᆞ려이와   제사도 하려니와
졉빈킥接賓客을 잘ᄒᆞ여라   손님 대접 잘하여라.
손임이 오시거든   손님이 오시거든
쳥염聽令¹을 더욱ᄒᆞ여   심부름에 더 신경 써
이우졔 쒀오나마   이웃에서 꾸더라도
업다고 핑계말고   없다고 핑계 말고
소리을 크게ᄒᆞ여   목소리를 크게 내어
쵸당草堂²의 듯게말라   초당에서 듣게 말라.
반감飯監³을 친親니ᄒᆞ여   음식은 손수 하여
죵막겨 두지말고   종 맡겨 두지 말고
반상盤床을 싹고 〃 〃   밥상은 닦고 닦고
긔명器皿⁴을 씨고 〃 〃   그릇들은 씻고 씻어
밥스릇 골케말고⁵   밥그릇 긇게 말고

---

1. 쳥염: 청령. 명령을 주의 깊게 들음. 심부름.
2. 쵸당: 초당. 풀로 지은 집. 여기서는 손님들이 모이는 사랑방.
3. 반감: 궁중에서 음식물을 진상하던 직책. 여기에서는 음식을 올린다는 뜻으로 쓰임.
4. 긔명: 기명. 살림살이에 쓰는 그릇들.
5. 골케말고: 긇게 말고. '긇다'는 그릇에 가득 차지 아니하고 조금 빈 상태.

국스롯 씩게말고[6] 국그릇 식게 말라.

반찬飯饌을 노흘젹긔 반찬을 놓을 적에

제줄로 아라녹코 제 줄에 맞게 놓고

시져匙箸[7]을 노흘젹긔 수저를 놓을 적에

층層나게[8] 마라쓰라 겹치게 놓지 마라.

이젼以前의 도간陶侃어미[9] 옛날의 도간 어미

머리을 버혀닉여 머리카락 베어 내어

손임을 딕졉待接ᄒ니 손님을 대접했듯

이것치 ᄒ여쓰라 이같이 하려무나.

음식飮食이 불결不潔ᄒ여 음식이 불결하여

손임니 안즈시면 손님이 안 드시면

쥬인主人이 무안無顔ᄒ고 주인이 면목 없고

안흉凶[10]니 나는이라 며느리 흉 되느니라.

---

6. 씩게말고: 식게 말고. 식히지 말고.

7. 시져: 시저. 숟가락과 젓가락.

8. 층나게: 서로 겹치게.

9. 도간어미: 진나라 명장 도간(陶侃, 257~332)의 어머니. 도간의 집은 매우 가난했는데, 손님이 찾아오자 그의 어머니가 자신의 머리카락을 잘라 음식을 마련하고 손님을 대접하여 도간이 크게 성공하였다는 일화가《세설신어(世說新語)》에 전함.

10. 안흉: 집안의 흉. 며느리가 일을 잘못한다는 흉.

자식을 반듯하게

아히야 드려봐라
쏘흔 말 일르리라
자식子息을 교양敎養 흠은
장닉將來예 홀 일이라
미리야 가라치긔
죠란擾亂[1]흔듯 ㅎ다마는
슈틱受胎을 ㅎ거덜는
각별各別히 죠심操心 ㅎ여
침셕枕席을 바로ㅎ고
음식飮食을 졍淨케 먹고
음셩淫聲을 듯지 말고
악싱惡色을 보지 말고
기울게 셔지 말고
틀이게[2] 눕지 말고
열달을 이리ㅎ여
ㅈ식子息을 나ㅎ노면

딸아이야 들어봐라
또 한마디 당부하마.
자식을 키우는 건
장래에 할 일이라
미리서 가르치기
요란한 듯하다만,
임신을 하게 되면
각별히 조심하여
잠자리도 바로 하고
음식도 깨끗이 먹고
부정한 말 듣지 말고
나쁜 것도 보지 말고
기우뚱 서지 말고
삐뚤게 눕지 말라.
열 달을 이리하여
자식을 낳아 두면

---

1. 죠란: 요란.
2. 틀이게: 틀리게. 비뚤게.

얼골이 방정方正ᄒ고 　　　　　　얼굴은 반듯하고

총명聰明이 더ᄒ리라 　　　　　　총명은 더하리라.

문왕文王의 어만임³니 　　　　　　문왕의 어머님이

문왕文王을 빅야실졔 　　　　　　문왕을 배었을 때

잇갓치 ᄒ여씨니 　　　　　　　　이같이 하였으니

법法바담즉⁴ ᄒ지라 　　　　　　본받음직 한지라.

두셰살 먹근 후後에 　　　　　　두세 살 먹은 후에

지각知覺이 들거덜난 　　　　　　지각이 들거든

작난作亂을 졀금切禁⁵ᄒ고 　　　　장난을 딱 끊고

음식飮食을 존졀撙節⁶이ᄒ고 　　　음식을 절제하고

면쥬綿紬⁷옷 입게말고 　　　　　비단옷 입게 말고

시솜을 놋치말고 　　　　　　　새 솜을 넣지 말고

씩근음식飮食 쥬지말고 　　　　썩은 음식 주지 말고

상傷ᄒ고기 먹이지말라 　　　　상한 고기 먹이지 말라.

---

3. 문왕의 어만임: 문왕의 어머니. 주나라 문왕(文王. ?~B.C. 1046)의 어머니 태임(太妊). 뛰어난 성품과
　 덕을 지닌 태임이 문왕을 임신했을 때 태교에 힘썼기에 문왕이 훌륭한 성군이 될 수 있었다는 이야
　 기가 《열녀전(列女傳)》에 실려 있음.

4. 법바담즉: 법받음직. 본받음직.

5. 졀금: 절대로 하지 못하게 함.

6. 존졀: 존절. 알맞게 절제함.

7. 면쥬: 명주. 비단.

귀貴타고 안을바다[8]

버릇업게 ᄒᆞ지말라

밉다고 과장誇張ᄒᆞ여

놀릭게 마라쓰라

밍즈孟子의 어만임[9]이

밍즈孟子을 그르실졔

가긔家基[10]을 세번옴겨

학궁學宮[11]졋틱 스르시고

이웃졔 돗[12]잡거늘

너먹깃다 쏘기시고

도로허 후회後悔ᄒᆞ여

사다가 먹기시니

너희도 일을 보와

쏘기지 말라쓰라

귀하다고 속 다 받아

버릇없게 하지 말고

밉다고 과장하여

놀라게 말려무나.

맹자의 어머님이

맹자를 기르실 때

집터를 세 번 옮겨

서당 옆에 사시고,

이웃에서 잡는 돼지

너 먹인다 속였다가

돌이켜 후회하여

사다가 먹이시니,

너희도 본받아서

속이지 말려무나.

---

8. 안을 바다: 안은 속마음. 즉 속마음을 받아.

9. 밍즈의 어만임: 맹자의 어머니. 중국 전국시대의 맹자(B.C. 372년경~289년경)의 어머니가 맹자를 교육
  시키기 위해 묘지, 시장, 서당 근처로 세 번 이사했다는 맹모삼천지교(孟母三遷之敎)의 고사가 있는데,
  이로 맹자의 어머니는 자식을 훌륭히 교육해낸 어머니의 상징이 됨.

10. 가긔: 가기. 집터.

11. 학궁: 서당.

12. 돗: 돼지의 옛말. 맹자가 어렸을 때, 이웃집에서 돼지를 잡았는데 맹자가 그 이유를 묻자 어머니가
  "너 주려고 잡는 것이다."고 무심결에 대답하였다가, 아이에게 거짓말을 가르칠 수 없다고 하여 정
  말로 그 고기를 사다가 맹자를 먹였다는 일화가 있음.

맹모삼천도孟母三遷圖 (미상, 국립중앙박물관 소장)

종들에게 따뜻함을

아희야 드려봐라　　　　　　딸아이야 들어봐라

또흔말 일르이라　　　　　　또 한마디 이르리라.

노비奴婢는 슈죡手足이라　　　노비는 손발이라

슈죡手足업시 어니살며　　　손발 없이 어찌 살리.

더위에 농〈農事지여　　　　더위에 농사지어

상전上典을 봉양奉養ᄒ고　　　상전을 봉양하고

치위예 물을기려　　　　　　추위에 물을 길어

상전上典을 공양供養ᄒ니　　　상전을 공양하니

그안니 불상ᄒ며　　　　　　그 아니 불쌍하며

그안니 귀貴ᄒᆯ손가　　　　그 아니 귀할쏜가.

귀쳔貴賤은 다을진졍　　　　귀천은 다르지만

혈육血肉은 ᄒᆫ가지라　　　피와 살은 한가지라.

쑤지셔도 악언惡言를 말고　꾸짖어도 폭언 말고

치나마¹ 과장誇張마라　　　때려도 심히 말라.

---

1. 치나마: 치나마. 때리나마. 다른 본에는 '미 치나마'로 되어 있음.

명분名分을 발게ᄒ며 명분을 밝게 하며

긔슈起首²을 일치말고 까닭을 잃지 말고

나만ᄒᆫ 죵이어든 나이 많은 종이면

언어言語을 삼가ᄒ고 언사를 조심하고

나어린 죵이어든 나이 어린 종이면

ᄌᆞ식子息갓치 길너쓰라 자식같이 기르거라.

졔�ᄭ예 희입피고 제 때에 옷 입히고

비골케 말라쓰라 배 곯게 하지 말라.

---

2. 긔슈: 기수. 어떤 사실의 시초를 말함.

알뜰히 또 조심히

아히야 드려바라
또흔 말 일르이라
제가齊家¹을 흐 온후後의
치산治産²을 흐여쓰라
곡식穀食이 만흐나마
입칠려³ 흐지말고
포빅布帛⁴이 만흐나마
몸치려⁵ 흐지말고
흔의복衣服 기워입고
잡음식雜飮食 먹어쓰라
집안을 주죠씨려
문쥬⁶을 안게 말고
긔명⁷을 아라노화
닥과기로 씨게말고

딸아이야 들어봐라
또 한마디 이르리라.
집안을 다스린 후
살림살이 힘쓰거라.
곡식이 많다 하여
군것질 하지 말고
옷감이 많다 하여
몸 치장 하지 말고
헌 옷을 기워 입고
거친 음식 먹어스라.
집 안을 자주 쓸어
먼지를 앉게 말고
그릇을 간수하여
닭과 개가 깨게 말라.

---

1. 제가: 제가. 집안을 잘 다스려 바로잡음.
2. 치산: 집안 살림살이를 잘 돌보고 다스림.
3. 입칠려: 입치레. 군것질.
4. 포빅: 포백. 베와 비단을 아울러 이르는 말.
5. 몸치려: 몸치레. 몸치장.
6. 문쥬: 문주. 먼지.
7. 긔명: 기명. 살림살이에 쓰는 그릇.

이우졔 왕릭_{往來}홀 졔   이웃에 왕래할 때

무름⁸을 씨고가고   장옷을 쓰고 가고

급_急혼일 아니거든   급한 일 아니라면

밤으로 왕닉_{往來} 말라   밤에는 왕래 말라.

나무집 가거들랑   남의 집에 가거든

더욱죠심_{操心} 호여쓰라   더욱더 조심하여

우슴을 과_過니호야   웃음을 과히 하여

잇쌜리 나게말고   잇몸 뵈게 하지 말고

옷귀⁹을 벌게말고   옷자락 벌리지 말고

쇽옷슬 나게말고   속옷은 나게 말라.

남의말 젼_傳치말고   남의 말은 전치 말고

남의임닉¹⁰ 〃지말고   남의 흉내 내지 말고

인물_{人物}을 펼논_{評論}말고   사람을 논평 말고

양반_{兩班}을 고호_{高下}말고¹¹   양반을 평가 말고

부귀_{富貴}을 흠션_{欽羨}¹²말고   부귀를 흠모 말고

음식_{飮食}을 탐_貪치말고   음식을 탐치 말라.

---

8. 무름: 덮개. 장옷. 여자들이 나들이할 때에 얼굴을 가리기 위해 머리에서부터 내려 쓰던 옷을 말함.

9. 옷귀: 옷의 가장자리.

10. 임닉: 입내. 소리나 말로 내는 흉내.

11. 고호말고: 고하를 하지 말고. 아래위를 비교하지 말고.

12. 흠션: 흠선. 흠모하고 부러워함.

여속도첩女俗圖帖 **(신윤복**申潤福, 1758~?, **국립중앙박물관 소장)**

무릎은 여인들의 일상적인 모습을 묘사한 그림에 흔히 등장한다. 위 그림은 조선 후기 신윤복의 풍속화 인데 외출하는 여인이 쓰고 있는 것이 무릎이다.

한결같은 마음으로

아히야 드려바라
또흔말 일르이라
처음으로 갈졔난
죠심操心이 만컨마는
세월歲月이 오리가면
홀만忽慢[1]키 쉬울려니
처음의 가진마암
늘도록 변치말라
옛글례 잇는말과
세정世情의 당嘗흔일로
딕강大綱을 기록記錄ᄒ여
칙冊을쎠서 경계儆戒ᄒ니
이칙冊을 일치 말고
시 "時時로 닉여보면

딸아이야 들어봐라
또 한마디 이르리라.
처음 시집 갈 때에는
조심성이 많지만
세월이 오래 가면
소홀하기 쉬워지니
처음에 가진 마음
늙도록 변치 마라.
옛글에 있는 말과
살아오며 겪은 일로
대강을 기록하여
책을 써서 경계하니,
이 책을 잃지 말고
때때로 읽어 보면

---

1. 홀만: 소홀하고 태만함.

힝신行身과 쳐ᄉ處事의
유익有益홀써 잇쓰리라
그밧게 경계警戒홀말
무슈無數니 잇싸마는
정신精神이 아득ᄒ여
이만ᄒ여 그치노라

몸가짐과 일처리에
유익할 때 있으리라.
그 밖에 경계할 말
무수하게 있다마는
정신이 아득하여
이만하고 그치노라.

6

어부스

〈어부사魚父詞〉는 '어부의 노래'이다. 번잡한 세상을 벗어나 자연 속에서 유유자적하며 살아가는 대표적인 존재가 '어부'인바 그 삶을 읊은 노래가 〈어부사〉인 것이다.

어부가 '세속의 질서를 벗어나 강호江湖에 숨어 사는 존재'로 부각된 것은 연원이 깊다. 유교의 질서를 배격했던 대표적인 인물이 장자莊子인데 그의 저술《장자莊子》에 "물가를 찾아 고기를 낚으며, 무위無爲로 지내는 것, 이것은 세상을 피하려는 사람들[避世之人]이 좋아하는 것"이란 구절이 보인다. 이 흐름은 굴원屈原 B.C. 340~278, 도연명陶淵明. 365~427 등으로 이어지고 당송唐宋을 지나며 '강호에 사는 어부'를 주제로 한 많은 시들이 지어진다.

우리나라의 〈어부사〉는 중국의 어부 관련 시구들을 고려의 문사 누군가가 모아서 편집한 것이다. 노랫말에 나온 한시들의 출처는 대부분《협주명현십초시夾注名賢十抄詩》나《당송천가연주시격唐宋千家聯珠詩格》에서 보이고 있는데, 이로 볼 때 이 두 책을 탐독하던 독자가 지은 것이라 할 수 있다. 고려의 〈어부사〉는 총12장이었는데 그것은《악장가사樂章歌詞》에 채록되어 있고, 이를 조선 초 이현보李賢輔 1467~1555가 안동에 낙향하여 9장으로 개편하여 이 노래로 소일함으로써 우리나라 어부사의 전형으로 자리하게 된다.

소창문고본《가스》에 수록된 〈어부사〉는 이현보의 〈어부사〉를 대동소이하게 차용하면서 13장으로 늘린 작품이다. 새로이 늘어난 내용은

《악장가사》의 〈어부사〉에서 부분적으로 보인다. 이 책의 지은이가 안동 옆 봉화에 살던 이라는 점을 감안할 때, 16세기 안동의 이현보가 부른 노래가 1900년 같은 지역 양반들의 문화로 면면이 이어져 왔던 것이라 하겠다.

임거추경도林居秋景圖 **(강세황**姜世晃, 1713~1791, **국립중앙박물관 소장)**

이 그림은 강세황이 1784년에 직접 그린 것으로 자작시도 붙어 있다. 인가人家에서 외지게 살아가는 자신과 드넓은 강호에서 자유롭게 살아가는 어부의 모습을 대비하고 있다. "몇 채 집은 산에 붙어 외진데, 천 그루 숲은 물에 비쳐 풍성하도다. 고깃배 탄 어부가 죽도록 부러우니, 좋은 산과 계곡으로 마음껏 다니누나.(數屋依山僻 千林照水殷 羨殺漁舟子 攬盡好溪山)"

1

셜빈어옹니 쥬포간ᄒᆞ야	머리 센 어옹이 물가에 살면서
자언거슈승거산[1]이라	물에 사는 게 산보다 낫다 하네.
빅써나주[2] 〃 〃 〃	배 떠나자 배 떠나자
조〃자락만조릭[3]라	아침 물 빠지자 저녁 물 들어온다.

---

1. 셜빈어옹쥬포간 자언거슈승거산: 셜빈어옹주포간(雪鬢漁翁住浦間) 자언거수승거산(自言居水勝居山). 빈(鬢)은 관자놀이와 귀 사이의 머리카락. 셜빈(雪鬢)은 늙어가는 모습을 형용하는 관용구. 어옹(漁翁)은 고기 잡는 늙은이. 이상의 두 구절은 당나라 백거이(白居易, 772~846)의 작품으로 알려진 〈어부(漁夫)〉 의 1~2구를 따옴.

머리 센 어옹이 물가에 살면서	雪鬢漁翁住浦間
물에서 사는 게 산보다 낫다 하네.	自言居水勝居山

   《협주명현십초시(夾注名賢十抄詩)》
2. 빅써나주: 배 떠나자, 배 출발하자.
3. 조〃자락만조릭: 조조자락만조래(早潮自落晚潮來). 아침 물이 빠지자 저녁 물이 들어오네. 이 구절은 당나라 백거이(白居易, 772~846)의 〈조(潮)〉의 제1구를 따옴.

아침 물 빠지니 저녁 물 들어오니	早潮自落晚潮來
한 달에 돌고 도는 것 60차례 되누나.	一月周流六十回

   《백거이집잔교(白居易集箋校)》

지국총 〃 〃 〃 어〈와⁴ᄒ니   찌거덩 찌거덩 어영차

의션어부일견괴⁵이라⁶   배에 탄 어옹의 한 어깨가 높구나.

---

4. 지국총 〃 〃 〃 어〈와: 찌거덩 찌거덩 어영차. 지국총은 노 젓는 소리, 어영차는 육성. 한자로는 보통
   '至匊悤 至匊悤 於思臥'로 씀.

5. 의션어부일견괴: 의선어부일견고(倚船漁父一肩高). 배에 탄 어옹의 한 어깨가 높구나. '일견고(一肩高)'
   는 힘차게 둘러매거나 힘을 쓸 때의 모습. 이 구절은 고려의 문인 이인로(李仁老, 1152~1220)의 〈동
   정추월(洞庭秋月)〉 제4구를 따옴.

   밤 깊어 바람 이슬의 무거움을 알 듯하니   欲識夜深風露重

   배에 탄 어부의 한쪽 어깨 높구나.   倚船漁父一肩高

   《동문선(東文選)》

6. 이상은 고려시대부터 전해 오던 노랫말로, 조선 초기 이현보(李賢輔, 1467~1555)는 다음과 같이 채
   록해 둔 바 있음.

   雪鬢漁翁이住浦間 自言居水이勝居山이라ᄒ 눗다 빈떠라빈떠라

   早潮纔落晩來來ᄒ 눋라 至匊悤至匊悤於思臥 倚船漁父이一肩이高로다

   《농암집(聾巖集) 권3》

청고엽숭양풍긔오   새파란 줄풀 위로 시원한 바람 일고

홍요화변빅노흔[1]이라   새빨간 여뀌 곁에 백로가 한가하다.

닷쓰러라[2] 〃 〃 〃 〃   닻 들어라 닻 들어라

동정호리각외풍[3]이라   동정호에서 돌아오는 바람 타리라.

지국총 〃 〃 〃 어ᄉ와ᄒ니   찌거덩 찌거덩 어영차

범급전슨홀후슨[4]이라[5]   돛단배가 빠르니 앞산 지나자 곧 다

                                   음 산이네.

---

1. 청고엽숭양풍긔 홍요화변빅노흔: 청고엽상양풍기(靑菰葉上凉風起) 홍료화변백로한(紅蓼花邊白鷺閒).

    이상의 두 구절은 당나라 백거이(白居易, 772~846)의 작품으로 알려진 〈어부(漁夫)〉 3~4구를 따옴.

    새파란 줄풀 위로 시원한 바람 일고   靑菰葉上凉風起

    새빨간 여뀌 곁에 백로가 한가하네.   紅蓼花邊白鷺閒

    《협주명현십초시(夾注名賢十抄詩)》

    줄풀[菰]은 물가에서 자라는 볏과의 여러해살이풀. 홍료는 여뀌꽃으로, 물가에서 자라며 여름에 붉

    은 꽃을 피움.

2. 닷쓰러라: 닻 들어라.

3. 동정호리각외풍: 동정호리가귀풍(洞庭湖裏駕歸風). 동정호 속에서 돌아오는 바람을 탐.

4. 범급전슨홀후슨: 범급전산홀후산(帆急前山忽後山). 돛단배가 빠르니 앞산 지나자 곧 다음 산이 나타남.

5. 조선 초기 이현보(李賢輔, 1467~1555)의 채록본은 다음과 같음.

    靑菰葉上애凉風起 紅蓼花邊白鷺閒이라 닫드러라닫드러라

    洞庭湖裏駕歸風호리라 至匊悤至匊悤於思臥 帆急前山忽後山이로다   〈상동〉

③

진일범쥬연리거ᄒ고	하루 내내 배 띄워 안개 속을 다니다가
유시요도월즁환[1]이라	때가 되면 노를 저어 달밤에 돌아오네.
에 〃라 〃 〃 〃	이어라 이어라
아심슈쳐ᄌ망긔[2]라	내 마음 가는 곳에 저절로 욕심 없네.
지국총 〃 〃 〃 어ᄉ와ᄒ니	찌거덩 찌거덩 어영차
고예승쥬무졍개[3]라[4]	노 저으며 흘러가니 정한 곳이 없어라.

---

1. 진일범쥬연리거 유시요도월즁환: 진일범주연리거(盡日泛舟烟裏去) 유시요도월중환(有時搖棹月中還).
   이상의 두 구절은 당나라 백거이(白居易, 772~846)의 작품으로 알려진 〈어부(漁父)〉 5~6구를 따옴.
   하루 내내 배 띄워 안개 속을 다니다가　　　　　盡日泛舟烟裏去
   때가 되면 노를 저어 달밤에 돌아오네.　　　　　有時搖棹月中還
   《협주명현십초시(夾注名賢十抄詩)》
2. 아심슈쳐ᄌ망긔: 아심수처자망기(我心隨處自忘機). 망기(忘機)는 속세의 욕심을 잊는다는 뜻의 관용
   구. 이 구절은 송나라 양귀산(楊龜山, 1053~1135)의 〈과난계(過蘭溪)〉에서 따옴.
   이제부터는 서로 의심치 말자꾸나　　　　　　　寄語從今莫相訝
   내 마음 가는 곳에 저절로 욕심 없네.　　　　　我心隨處自忘機
   《당송천가연주시격(唐宋千家聯珠詩格)》권6, 27면.
   (양산구의 〈과난계〉는 동일한 제목의 다른 작품도 있으나, 당송천가연주시격에서는 이 작품을 양구
   산의 〈과난계〉라고 해 둠.)
3. 고예승쥬무졍게: 고예승주무정기(鼓枻乘舟無定期). 노를 저어 흘러가니 정한 곳이 없음. 고예(鼓枻)는
   노를 젓다, 또는 뱃전을 두드리다의 뜻. 당나라 잠삼(岑參, 715~770)의 〈어부(漁父)〉의 제2구를 따옴.
   낚싯대에 달린 낚싯줄은 한 길 남짓　　　　　　竿頭釣絲長丈餘
   노 저으며 흘러가니 정한 곳이 없어라.　　　　　鼓枻乘舟無定期
   《당시품휘(唐詩品彙)》
4. 조선 초기 이현보(李賢輔, 1467~1555)의 채록본은 다음과 같음.
   盡日泛舟烟裏去 有時搖棹月中還이라 이어라이어라
   我心隨處自忘機라 至匊悤至匊悤於思臥 鼓枻乘流無定期라　〈상동〉

4

만스무심일죠간은	세상만사 생각 없이 낚싯대 하나로 사니
슴공불환츳강슨¹이라	삼공 자리 준다 해도 이 강산과 안 바꾸리.
돗지어라² 〃 〃 〃 〃	돛 내려라 돛 내려라
스류계풍불조싀³라	산과 계곡에 비바람 치니 낚싯줄을 거두노라.
지국총 〃 〃 〃 어스와ᄒᆞ니	찌거덩 찌거덩 어영차
일싱종젹지츙낭⁴이라⁵	한 평생 종적이 물결 위에 있다네.

---

1. 만스무심일죠간 슴공불환츳강슨: 만사무심일조간(萬事無心 釣竿) 삼공불환차강산(三公不換此江山).
   이상의 구절은 중국 송나라 대복고(戴復, 1167~1248)의 〈조대(釣臺)〉 1~2구를 따옴.
   세상만사 생각 없이 낚싯대 하나로 사니   萬事無心一釣竿
   삼공 자리 준다 해도 이 강산과 안 바꾸리.   三公不換此江山
   《석병시집(石屛詩集)》
   삼공(三公)은 영의정, 좌의정, 우의정. 즉 가장 높은 관직을 말함.
2. 돗지어라: 돛 내려라.
3. 스류계풍불조싀: 산우계풍부조사(山雨溪風不釣絲). 산에 비 내리고 시내에 바람 부니 낚시를 그만둠. 이 구
   절은 중국 당나라 두순학(杜荀鶴, 846~904)의 〈계흥(溪興)〉 제1구를 따옴. 전체 시는 본가 〈11장〉 참조.
4. 일싱종젹지츙낭: 일생종적재창랑(生蹤跡在滄浪). 한 평생의 종적이 푸른 물결 위에 있음.
5. 이현보(李賢輔, 1467~1555)의 채록본은 다음과 같음.
   萬事無心一釣竿 三公不換此江山라 돗디어라돗디여라
   山雨溪風捲釣絲라 至匊悤至匊悤於思臥 一生蹤迹在滄浪라   〈상동〉

동풍셔리쵸강심¹호니	동쪽 바람 서쪽의 해 초강이 깊으니
일편틔긔만류음²이라	한 조각 이끼 바위에 버들 그늘 드리웠구나.
에어라³ 〃 〃 〃	이어라 이어라
녹평신셰빅구심⁴이라	부평초 같은 이내 신세 갈매기 마음일세.
지국총 〃 〃 〃 어스와호니	찌거덩 찌거덩 어영차
격안어촌양슴기⁵이라⁶	언덕 너머 어촌에는 두세 채의 인가로다.

---

1. 동풍셔리쵸강심: 동풍서일초강심(東風西日楚江深). 동풍 불고 해는 서쪽으로 지는데 초강은 깊음. 초강은 굴원(屈原)이 몸을 투신한 멱라수(汨羅水)를 말함.
2. 일편틔긔만류음: 일편태기만류음(一片苔磯萬柳陰). 한 조각 이끼 바위에 만 가지 버들 그늘이 짙음.
3. 에어라: 이어라.
4. 녹평신셰빅구심: 녹평신세백구심(綠萍身世白鷗心). 부평초 같은 이내 신세는 갈매기의 마음임. 이상 세 구절은 송나라 조동각(趙東閣, 생몰년 미상)의 〈어부(漁父)〉의 1~2, 4구를 따름.

동쪽 바람 서쪽의 해 초강이 깊으니	東風西日楚江深
한 조각 이끼 바위에 버들 그늘 드리웠구나.	一片苔磯萬柳陰
유달리 풍류스러움 그려 내기 어려운 곳	別有風流難畵處
부평초 같은 이내 신세 갈매기 마음일세.	綠萍身世白鷗心

   《당송천가연주시격(唐宋千家聯珠詩格)》
5. 격안어촌양슴기: 격안어촌양삼가(隔岸漁村兩三家). 언덕 너머 어촌에 두세 채 인가가 있음.
6. 이현보(李賢輔, 1467~1555)의 채록본은 다음과 같음.
   東風西日楚江深 一片苔磯萬柳陰이라 이퍼라이퍼라
   綠萍身世白鷗心이라 至匊恩至匊恩於思臥 隔岸漁村三兩家라 〈상동〉

6

탁영가파정쥬정ᄒ니	〈탁영가〉다 부르니 모래섬이 고요한데
죽경시문유미관¹이라	대나무길 사립문은 그대로 열려 있네.
흥치로다² " " " "	흥 나도다 흥 나도다
광장슴천육빅죄³라	무려 삼천육백 일의 낚시질이라.

---

1. 탁영가파정쥬정 죽경시문유미관: 탁영가파정주정(濯纓歌罷汀洲靜) 죽경시문유미관(竹逕柴門猶未關). 이상 두 구절은 당나라 백거이(白居易, 772~846)의 작품으로 알려진 〈어부(漁夫)〉의 제7~8구를 따옴.
   〈탁영가〉를 다 부르자 모래섬이 고요한데　　　濯纓歌罷汀洲靜
   대나무길 사립문은 그대로 열려 있네.　　　竹逕柴門猶未關
   《협주명현십초시(夾注名賢十抄詩)》
   〈탁영가(濯纓歌)〉는 '갓끈을 씻는 노래'라는 뜻으로, 중국 초나라 굴원(屈原, B.C. 340~278)의 〈어부사(漁父辭)〉에 나옴. 세상 흘러가는 대로 살아간다는 내용임.
   창랑의 물이 맑으면 내 갓끈을 씻고　　　滄浪之水 淸兮　　可以濯吾纓
   창랑의 물이 흐리면 내 발을 씻으리.　　　滄浪之水 濁兮　　可以濯吾足
   《초사(楚辭)》
2. 흥치로다: 흥 나도다.
3. 광장슴천육빅죄: 광장삼천육백조(廣張三千六百釣). 무려 삼천육백 일을 낚시함. 강태공이 10년 동안 낚시를 하고서야 문왕(文王)을 만나는데 강호에 살던 그 시간을 날짜로 표현한 것. 이 구절은 이태백

지국총 〃〃〃 어스와ᄒ니   찌거덩 찌거덩 어영차

슈진남쳔불건운[4] 이라[5]   물도 다한 남쪽 하늘 구름조차 보

                                    이질 않네.

의 〈양보음(梁甫吟)〉에서 따옴.

  무려 삼천육백 일 낚시하는 동안   廣張三千六百釣

  마음이 은연 중에 문왕과 맞았다오.   風期暗與文王親

  《이태백집 권2》

4. 슈진남쳔불건운: 수진남천불건운(水盡南天不見雲). 물 다한 남쪽 하늘에는 구름조차 보이질 않음. 이
   구절은 당나라 이태백의 〈유동정(遊洞庭)〉에서 따옴.

  동정호 서쪽으로 초강이 나뉘는데   洞庭西望楚江分

  물도 다한 남쪽 하늘 구름조차 보이질 않네.   水盡南天不見雲

5. 이현보(李賢輔, 1467~1555)의 채록본은 다음과 같음.

  濯纓歌罷汀洲靜 竹逕柴門猶木關라 빅셔여라빅셔여라

  夜泊秦淮近酒家로다 至匊悤至匊悤於思臥 瓦甌蓬底獨甚時라 〈상동〉

가쥬셕양강상ᄒ니	사람 사는 강가 마을 석양이 비치니
일만류슈호시문[1]이라	한 굽이 흐르는 물 사립문을 감싸 도네.
조흘시구 〃 〃 〃 〃	좋을시고 좋을시고
ᄉ풍셰우불슈귀[2]라	비낀 바람 가랑비 정도로 굳이 돌아갈 필요 없지.
지국총 〃 〃 〃 어ᄉ와ᄒ니	찌거덩 찌거덩 어영차
치ᄌ고침작죠구[3]라	어린 아들은 바늘을 두들겨 낚싯바늘을 만드네.

---

1. 가쥬셕양강상촌 일만류슈호시문: 가주석양강상촌(家住夕陽江上村) 일만류수호시문(彎流水繞柴門).
   이상은 명나라 엽당부(葉唐夫, ?~1382년경)의 〈강촌(江村)〉 1~2구를 따옴.
   사람 사는 강가 마을 석양이 비치니   家住夕陽江上村
   한 굽이 흐르는 물 사립문을 감싸 도네.   一彎流水繞柴門
   《호생화집(護生畫集)》
2. ᄉ풍셰우불슈귀: 사풍세우불수귀(斜風細雨不須歸). 비낀 바람 가랑비 정도로 굳이 돌아갈 것은 없음.
   장지화(張志和, 730년경~810년경)의 〈어가자(漁歌子)〉 제3~4구를 따옴.
   푸른 삿갓 쓰고 푸른 도롱이 입었으니   靑蒻笠, 綠簑衣
   비낀 바람 가랑비 정도로 굳이 돌아갈 것 없네.   斜風細雨不須歸
3. 치ᄌ고침작죠구: 치자고침작조구(稚子敲針作釣鉤). 어린 아들은 바늘을 두들겨 낚싯바늘을 만듦. 이
   구절은 당나라 두보(杜甫, 712~770)의 〈강촌(江村)〉 제6구를 따옴.
   늙은 처는 종이를 그려 장기판을 만들고   老妻畫紙爲棊局
   어린 아들은 바늘을 두들겨 낚싯바늘을 만드네.   稚子敲針作釣鉤
   《당시삼백수(唐詩三百首)》

장한인심불여슈흐야	인심이 물보다 못함을 길게 탄식하나니
등흔평지긔파란[1]이라	한가로운 평지에도 파란은 이는구나.
장흐도다 〃 〃 〃 〃	장하도다 장하도다
동강파샹일스풍[2]이라	동강의 물결 위에서 한 줄 낚시로 살아가네.

---

1. 장한인심불여슈 등흔평지긔파란: 장한인심불여수(長恨人心不如水) 등한평지기파란(等閒平地起波瀾). 이상은 당나라 시인 유우석(劉禹錫, 772~842)의 〈죽지사(竹枝詞)〉 제3~4구를 따옴.

   인심이 물보다 못함을 길게 탄식하나니　　　　　長恨人心不如水
   한가로운 평지에서도 파란은 이는구나.　　　　　等閑平地起波瀾
   《전당시(全唐詩)》
   '불여수(不如水)'는 물보다도 못하다는 말로, 물은 지형이 거칠 때는 위태하지만 평상시에는 별문제 없는 것에 반해, 인심은 아무 때나 위험한 일이 생겨남을 말한 것임.

2. 동강파샹일스풍: 동강파상일사풍(桐江波上　絲風). 동강의 물결 위에서 하는 낚시. 동강(桐江)은 중국 절강성(浙江省)에 있는 강으로, 한나라 충신 엄자릉(嚴子陵, B.C. 37~A.D. 43)이 공사(公私)를 엄격히

지국총 〃 〃 〃 어ᄉ와ᄒ니 찌거덩 찌거덩 어영차

작뎡위기셔부동[3]이라 작은 배로 집을 삼아 이리저리 떠

          가도다.

구분하며 오랜 벗 유문숙의 제안을 거절하고 낚시하던 곳. 송나라 황정견(黃庭堅, 1045~1105)이 〈제
백시화엄자릉조탄(題伯時畵嚴子陵釣灘)〉을 지어 그를 기렸는데, 이 구절은 여기서 따옴.

평생의 벗 유문숙이지만	平生久要劉文叔
그를 위해 삼공도 하려 않네.	不肯爲渠作三公
한나라가 전통을 중요시하도록	能令漢家重九鼎
동강의 물결 위에서 한 줄 낚시로 살아가네.	桐江波上一絲風

3. 작뎡위기셔부동: 작맹위가서부동(舴艋爲家西復東). 작은 배로 집을 삼고 이리저리 떠감. 장지화(張志
和, 730년경~810년경)의 〈어가자(漁歌子)〉에서 따옴.

삼계의 물굽이에서 고기 잡는 늙은이	雪溪灣裏釣漁翁,
작은 배로 집을 삼아 이리저리 떠가도다.	舴艋爲家西復東.

츈죠틱우만릭급ㅎ니	봄 강물이 비를 맞아 밤이 되어 세차니
야도무인쥬즈횡[1]이라	나루터엔 사람 없고 배만 홀로 걸려 있네.
빅돌여라 〃 〃 〃 〃	배 돌려라 배 돌려라
츠옹취젹비취어[2]라	이 늙은이가 취하려는 건 한가함이지 고기 아니라.
지국총 〃 〃 〃 어ᄉ와ᄒ니	찌거덩 찌거덩 어영차
츠심혼쳐츠신혼[3]이라	내 마음이 한가한 곳에 이내 몸이 한가하다.

---

1. 츈죠틱우만릭급 야도무인쥬즈횡: 춘조대우만래급(春潮帶雨晩來急) 야도무인주자횡(野渡無人舟自橫).
   이상은 당나라 시인 위응물(韋應物, 737~804)의 시 〈저주서간(滁州西澗)〉 제3~4구를 따옴.
   봄 강물이 비를 맞아 밤이 되어 세차니   春潮帶雨晩來急
   나루터엔 사람이 없고 배만 홀로 걸려 있네.   野渡無人舟自橫
2. 츠옹취젹비취어: 차옹취적비취어(此翁取適非取魚). 이 늙은이가 취하려는 것은 여유로움이지 물고기
   가 아님. 당나라 잠삼(岑參, 715~770)의 〈어부(漁父)〉의 제4구를 따옴.
   세상 사람들이 어찌 그 깊은 뜻을 알리?   世人那得識深意
   이 늙은이가 취하는 건 한가함이지 고기 아님을.   此翁取適非取魚
   《당시품휘(唐詩品彙)》
3. 츠심혼쳐츠신혼: 차심한처차신한(此心閒處此身閒). 이 마음 한가한 곳에서 이 몸이 한가함.

[10]

야답쇼상일쳔진[1]ᄒ니	밤에 소상강 천 개의 나루 밟으니
빅구졔승이어풍[2]이라	갈매기는 모두 가을바람을 타는구나.
빈미여라 〃〃〃〃	배 매어라 배 매어라
야박진회건쥬가[3]라	밤 되어 진회에 배를 대니 술집이
	가깝구나.
지국총 〃〃〃 어스와ᄒ니	찌거덩 찌거덩 어영차
와부봉졉독침시[4]라	조그만 선창 아래서 홀로 술을 마
	시네.

---

1. 야답쇼상일쳔진: 출처 미상. "밤에 소상강의 천 개 나루를 밟으니" 정도로 잠정함.
2. 빅구졔승이어풍: 출처 미상. "갈매기는 모두 가을바람을 타는구나" 정도로 잠정함.
3. 야박진회건쥬가: 야박진회근주가(夜泊秦淮近酒家). 밤에 진회에 묵으려니 술집이 가깝네. 당나라 시인 두목(杜牧, 803~852)의 〈박진회(泊秦淮)〉 제2구를 따옴.

   안개는 차가운 물을, 달빛은 모래밭을 감싸고   烟籠寒水月籠沙
   밤 되어 진회에 배를 대니 술집이 가깝구나.   夜泊秦淮近酒家
   《당시삼백수(唐詩三百首)》
4. 와부봉졉독침시: 와구봉저독침시(瓦甌蓬底獨斟時). 조그마한 선창 아래에서 홀로 술잔을 기울임. 당나라 두순학(杜荀鶴, 846~904)의 〈계흥(溪興)〉 제2구를 따옴. 시 전체는 다음 페이지 첫번째 각주 참조.

취릭슈착무인환ᄒ니　　　　취해 잠들어도 불러주는 사람 없어

유ᄒ젼탄야부지[1]라　　　　앞 여울로 흘러가도 알지를 못하네.

비지어라 〃〃〃〃　　　　배 내려라 배 내려라

도화류슈궐어비[2]라　　　　복숭아꽃 흐르는 물에 쏘가리가 살

　　　　　　　　　　　　지구나.

지국총 〃〃〃 어ᄉ와ᄒ니　찌거덩 찌거덩 어영차

만강풍월속어션[3]이라　　　강 가득한 바람과 달, 어옹의 차지

　　　　　　　　　　　　라네.

---

1. 취릭슈착무인환 유ᄒ젼탄야부지: 취래수착무인환(醉來睡着無人喚) 유하젼탄야부지(流下前灘也不知). 이상 2구는 당나라 두순학(杜荀鶴, 846~904)의 〈계흥·(溪興)〉 제3~4구를 따름.
　　산과 계곡 비바람에 낚싯줄을 거두고　　　　　　山雨溪風捲釣絲
　　조그마한 선창 아래에서 홀로 술을 마시네.　　　瓦甌篷底獨斟時
　　취해 잠들어도 불러주는 사람 없어　　　　　　　醉來睡着無人喚
　　앞 여울로 흘러가도 알지를 못하네.　　　　　　　流下前灘也不知
　　《당송천가연주시격(唐宋千家聯珠詩格)》
2. 도화류슈궐어비: 도화유수궐어비(桃花流水鱖魚肥). 복숭아꽃 흐르는 물엔 쏘가리는 살쩌 있음. 장지화(張志和, 730년경~810년경)의 〈어가자(漁歌子)〉의 제2구를 따름.
　　서새산 앞에는 백로가 날고　　　　　　　　　　西塞山前白鷺飛
　　복숭아꽃 흐르는 물엔 쏘가리가 살지구나.　　　桃花流水鱖魚肥
3. 만강풍월속어션: 만강풍월속어선(滿江風月屬漁船). 강 가득한 풍월은 어옹의 차지임. 최치원(崔致遠, 857~?)의 〈요주파양정(饒州鄱陽亭)〉 제4구를 변용한 구절.
　　태수는 백성 걱정하여 잔치를 멀리하니　　　　　太守憂民疏宴樂
　　강 가득한 바람과 달, 어옹의 차지라네.　　　　　滿江風月屬漁翁
　　《동문선(東文選)》

야정슈흔어불식[1]ᄒᆞ니   밤은 고요하고 물은 차니 물고기는
                                 물지 않고

만선공지월명귀[1]라   배 가득히 부질없이 달빛만 싣고 돌
                                 아오네.

닷지어라 〃 〃 〃 〃[2]   닻 내려라 닻 내려라

파죠귀릭계단봉[3]이라   낚시 마치고 돌아와 짧은 쑥대에 배
                                 를 매니

---

1. 야정슈흔어불식 만선공지월명귀: 야정수한어불식(夜靜水寒魚不食) 만선공재명월귀(滿船空載月明歸).
　　이상 두 구절은 당나라 승려 덕성(德誠, 생몰년 미상)의 〈선자화상게(船子和尚偈)〉의 3~4구를 따옴.
　　밤은 고요하고 물은 차니 물고기는 물지 않고 　　　　　　 夜靜水寒魚不食
　　배 가득히 부질없이 달빛만 싣고 돌아오네. 　　　　　　　 滿船空載月明歸
2. 닷지어라: 닻 지어라, 닻 내려라.
3. 파죠귀릭계단봉: 파조귀래계단봉(罷釣歸來繫短蓬). 낚시를 끝내고 돌아와 배를 짧은 쑥에 매어 둠. 이
　　구절은 송나라 채정손(蔡正孫, 1239~?)의 〈어옹(漁翁)〉 제2구를 따옴.
　　일신의 한가함이 늙은 어옹에게 주어져 있으니 　　　　　 身閑輸與老漁翁
　　낚시를 마치고 돌아와 짧은 쑥대에 배를 맨다. 　　　　　　 罷釣歸來繫短蓬
　　《당송천가연주시격(唐宋千家聯珠詩格)》

지국총 〃 〃 〃 어스와ㅎ니   찌거덩 찌거덩 어영차

풍류불필저서시[4]라   풍류를 즐기는 데 꼭 서시가 필요

하지는 않구려.

---

4. 풍류불필저서시: 풍류불필재서시(風流不必載西施). 풍류를 즐기는 데 서시(西施) 태울 필요가 없
음. 서시(西施)는 춘추전국시대의 인물. 중국 4대 미녀의 한 사람으로, 서시가 물에 얼굴을 비추면
물고기들이 넋을 잃고 물속으로 가라앉았다고 함. 한편, 이 구절은 고려시대 문인 이제현(李齊賢,
1287~1367)의 〈송도팔영(松都八詠)〉 제4구를 따옴.

눈에는 청산이, 배에는 달빛이 가득하니   滿目靑山一船月

풍류를 즐기는 데 꼭 서시가 필요하지는 않구려.   風流不必載西施

《동문선(東文選)》

일주지간상조선[1]으로	낚싯대 홀로 들고 고깃배에 오르니
세간명니진유 〃[2]라	세상 명리가 모두 멀어 아득하네.
빈부쳬쏜 〃 〃 〃 〃[3]	배 붙였다 배 붙였다
계션유〃거리흔[4]이라	배 매는 곳에는 아직도 오가던 흔적
	이 있도다.
지국춍 〃 〃 어스와ᄒ니	찌거덩 찌거덩 어영차
관닉일셩순슈록[5]이라[6]	뱃노래 한 소리에 산과 물이 푸르
	도다.

---

1. 일주지간상조선: 일자지간상조선(一自持竿上釣船). 낚싯대 홀로 들고 고깃배에 오름.
2. 세간명니진유 〃: 세간명리진유유(世間名利盡悠悠). 세상의 명리가 모두 멀어 아득함. '유유(悠悠)'는 아득하고 먼 모양.
3. 빈부쳬쏜: 배 붙였다. 배를 대었다는 의미.
4. 계션유〃거리흔: 계션유유거래흔(繫船猶有去來痕). 배 매던 곳에는 아직도 오간 흔적이 남아 있음. 송 나라 방유심(方惟深, 1040~1122)의 〈주하건계(舟下建溪)〉 제4구를 변용함.
   뒤집힌 모래언덕에 단풍나무가 반 죽어 있고   倒出岸沙風半死
   배 매어 둔 자리에는 아직도 작년 흔적이 있네.   繫船猶有去年痕
5. 관닉일셩순슈록: 관내일성산수록(欸乃一聲山水綠). '애내' 한 소리에 산과 물이 푸름. '관닉(欸乃)'는 뱃노래를 칭하는 '애내(欸乃)'를 잘못 쓴 것. 중국 당송팔대가 유종원(柳宗元, 773~819)이 지은 〈어옹 (漁翁)〉 제4구를 따름.
   안개 사라지고 해가 나와도 사람은 보이지 않고   烟消日出不見人
   '애내' 한 소리에 산과 물이 푸르구나.   欸乃一聲山水綠
   《당시삼백수(唐詩三百首)》
6. 조선 초기 이현보(李賢輔, 1467~1555)의 채록본은 다음과 같음.
   一自持竿上釣舟 世間名利盡悠悠라 빈브텨라빈브텨라
   繫舟猶有去年痕이라 至匊悤至匊悤於思臥 欸乃一聲山水綠라   〈출처는 상동〉

14

만경창파욕모천의   만 이랑 파도 속에 하늘은 저무는데
천어환쥬유교변[1]이라   버들다리 옆에서 물고기와 술 바꾸네.

---

1. 만경창파모천 천어환쥬유교변: 만경창파모욕천(萬頃滄波欲暮天) 천어환주유교변(穿魚換酒柳橋邊).
   '환주(換酒)'는 술을 좋아하는 사람들이 자기 물건을 가지고 술을 바꾸어 먹는 것을 말함. 이상의 두
   구절은 박문창(朴文昌, 생몰년 미상)의 〈제곽산운흥관화병(題郭山雲興館畫屏) 곽산 운흥관의 그림 병
   풍에 부쳐〉의 1~2구를 따옴.

   만 이랑 파도 속에 하늘은 저무려는데   萬頃滄波欲暮天
   버들다리 옆에선 물고기와 술 바꾸네.   將魚換酒柳橋邊
   어떤 이가 나에게 흥망의 일 묻기에   客來問我興亡事
   웃으며 갈대꽃과 달 아래 한 척 배 가리키네.   笑指蘆花月一船

어주도魚舟圖 (맹영광孟永光, 1590~1648, 중국, 국립중앙박물관 소장)

7

몽유몽

해제

　〈몽유가夢遊歌〉는 '꿈속에서 노닌 노래'이다. 몽유는 원래 서사문학 쪽에서 꿈의 형식을 빌려 마음에 먹은 바를 우회적으로 표현하던 것이었는데, 이 기교가 가사로도 유입되어 조선 후기에는 적지 않은 몽유가계 가사가 등장하게 된다.

　몽유가계 가사는 내용의 편차가 심한 편이다. 최초의 몽유가로 알려진 이유李渘 1675~1753의 〈옥경몽유가玉京夢遊歌〉는 옥황상제와 유명한 문인을 만나 자신의 삶에 대한 자부심을 노래한 내용이고, 1759년에 지어진 한석지韓錫地 1709~1803의 〈길몽가吉夢歌〉는 꿈속에서 맹자를 만난 내용을 담고 있다. 18세기 후반의 〈옥루연가玉樓宴歌〉는 옥황상제를 만나 청나라에 대한 설욕을 내비치는 내용을 담고 있다. 이처럼 꿈을 통하여 문장의 낭만을 이야기하기도 하고, 유교적 가치 또는 현실적 가치를 추구하기도 하였던 것이다.

　소창문고본《가사》에 수록된 〈몽유가〉는 이 책을 필사한 경북 봉화군 삼동리에 살던 50대 양반이 19세기 말에 직접 창작한 것인데, 스스로를 유배 내려온 신선으로 설정하고, 문장에 대한 낭만적 동경을 그린 작품이란 점에서 이유의 〈옥경몽유가〉와 상통하는 일면이 있다.

　내용은 그가 술에 취해 깜빡 잠이 들었고, 꿈속에서 옥황상제가 사는 옥경玉京으로 올라가 백옥루 낙성식에 참여하고 돌아오는 것으로 되어 있다. 이 과정에서 마고선녀, 적송자 등 다수의 신선들을 만나며, 낙성식에서는 이태백, 두보, 소식 등의 쟁쟁한 문사文士를 만난다. 옥황상제를 만나고 돌아 나서는 길에 한 신선과의 대화를 통하여 비로소 자신 또한 신선이었던 것을 알게 된다는 내용이다. 꿈은 내면의 우회적 발로 라는 점에서 당대 향촌 양반들의 정신적 지향을 잘 엿볼 수 있다.

선객도(仙客圖) (**강세황**姜世晃, 1713~1791, **국립중앙박물관 소장**)

신선을 맞이하는 모습을 묘사한 그림이다. 기암괴석, 절벽, 하늘을 나는 사람들, 동자들의 바구니에 든 불로초 등 신선 세계의 여러 상징이 표현되어 있다.

취하여 기록하오

가소可笑롭다[1] 우리인싱人生
몽즁담몽夢中談夢[2]ᄒ여보ᄌ
딕쳔지 기벽大天地開闢[3]후後에
빅딕광음 과긱百代光陰過客[4]이라
졔픠황왕帝覇皇王[5] 무덤우의
두견杜鵑이[6] 슬피울고

우습구나 우리 인생
꿈속 얘기 하여 보세.
하늘과 땅 열린 후에
해와 달은 나그네라.
영웅들의 무덤 위엔
두견새만 슬피 울고

---

1. 가소롭다: 우습다. 가사에 흔히 나오는 상투구로 회한이나 자탄의 의미를 지님.
2. 몽즁담몽: 몽중담몽. 꿈속에서 꿈 이야기를 함. 장자의 호접지몽(胡蝶之夢)에서도 보이듯이 우리 인생은 현실이 아니라 누군가의 꿈속일 수도 있는데, 그런 꿈속에서 꾸는 꿈은 어쩌면 우리 본모습일 수 있음.
3. 딕쳔지기벽: 대천지개벽. 천지가 크게 열림. 유가적 관점에서 천지개벽은 반고(盤古)라는 신과 함께 시작되었는데, 그가 알에서 태어나 자라면서 하늘과 땅이 분리되었고, 그가 죽으면서 몸은 산으로, 기름은 바다로 변하였다고 함. 이후 삼황오제(三皇伍帝)가 다스리는 역사가 시작됨.
4. 빅대광음과긱: 백대광음과객(百代光陰過客). 낮과 밤이라고 하는 것은 100대를 단위로 헤아리며 지나가는 나그네. 당나라 시인 이태백(李太白, 701~762)의 〈춘야연도리원서(春夜宴桃李園序)〉의 첫 구절 "천지는 만물의 여관이요, 세월은 영원한 나그네이다.(大天地者 萬物之逆旅, 光陰者는 百代之過客)"에서 따온 구절로, 100년도 안 되는 우리 인생은 짧고도 허무한 것임을 의미함.
5. 졔픠황왕: 제패황왕. 황왕제패(皇王帝覇). 황(皇)・왕(王)・제(帝)・패(覇)의 각 시대를 일컫는 말. 천지개벽 후 상고(上古)의 순박한 시대는 황(皇), 그 뒤의 요순(堯舜) 등은 제(帝), 주(周)나라는 왕(王), 무력으로 임금 자리를 다투던 춘추전국시대는 패(覇)의 시대라고 함.
6. 두견: 두견이과의 새. 촉(蜀)나라 망제(望帝)의 죽은 넋이 변하여 이 새가 되었다는 전설이 있음. 문학에서 주로 한 맺혀 살아가는 인간의 마음을 자극하는 새로 활용되는데, 자규(子規), 귀촉도(歸蜀道), 불여귀(不如歸), 망제혼(望帝魂) 등 다양한 별칭이 있음.

공ᄌ왕손公子王孫[7] 방슈芳樹[8]ᄒ下에
셕양夕陽이 무삼일고

왕족 귀족 꽃놀이도
지는 해야 어찌하리.

고왕금너古往今來[9] 너른셰계世界

고금왕래 넓은 세계

쵸목군싱草木群生[10] 만물즁萬物中에

초목짐승 만물 중에

이목총명耳目聰明[11] 남ᄌ男子되야

총명한 남자 되어

부귀공명富貴功名 닉일이라

부귀공명 내 일이라.

부귀富貴을 홀야ᄒ면

부귀를 이루려면

무식無識ᄒ고 어니ᄒ며

무식하고 어이하며

공명功名을 유의有意[12]ᄒ면

공명에 뜻 있다면

학업學業을 힘씰지라

학업에 힘쓸지라.

부귀富貴ᄒ고 무식無識ᄒ면

부귀하고 무식하면

싴계色界[13]상上에 즁놈이오

세속의 중놈이요

---

7. 공ᄌ왕손: 공자왕손. 공(公)이나 왕의 자손들. 즉, 지체 높은 집안의 사람들을 뜻함. 공(公)은 제후 등 높은 관직의 사람을 통칭함.

8. 방슈: 방수. 좋은 향기가 나는 나무. 즉, 꽃핀 나무를 의미함. 이상은 중국 당나라 시인 유희이(劉希夷, 651~679)의 〈대비백두옹(代悲白頭翁, 백두옹을 대신 슬퍼하며)〉의 한 구절 "공자와 왕손들과 꽃나무 아래에 놀았고, 맑은 노래 묘한 춤을 낙화 앞에서 즐겼지(公子王孫芳樹下 清歌妙舞落花前)"에서 따온 것임.

9. 고왕금너: 고왕금래. 예전과 지금.

10. 쵸목군싱: 초목군생. 풀과 나무, 그리고 여러 생물들.

11. 이목총명: 이목총명. 귀와 눈이 밝아 잘 듣고 잘 봄.

12. 유의: 어떤 일을 할 의향이나 뜻하는 바가 있음.

13. 싴계: 색계. 여색의 세계. 중에게 어울리지 않는 행위.

ぐ환_{仕宦}[14]에 막미_{莫昧}[15]ᄒ면   벼슬 업무 깜깜하면

단청_{丹靑}에 쇼경이라[16]   단청 앞에 소경이라.

천〃만고_{千千萬古}[17] 허다즁싱_{許多衆生}[18]   오랜 세월 많은 중생

영웅호걸_{英雄豪傑} 만컨마은   영웅호걸 많건마는

그즁의 문장ᄌᆞ스_{文章才士}   그중에선 문장 좋아

유방ᄇᆡᆨ셰_{流芳百世}[19] 졔일_{第一}이라   유방백세 으뜸이라.

꿈가온ᄃᆡ 꿈을ᄭᅢ야   꿈속에서 꿈을 깨어

취필_{醉筆}[20]로 기록_{記錄}ᄒ니   취한 채 기록하니

보시나니 웃지말고   보시는 이 웃지 말고

실담_{失談}[21]으로 여겨보쇼   실없는 말로 여겨주소.

---

14. ぐ환: 사환. 벼슬살이.

15. 막미: 망매. 경험이 적어 세상 물정에 아주 어두움.

16. 단청에 소경이라: 장님의 단청 구경. 단청(丹靑)은 옛집의 벽, 기둥, 천장 등에 그려 넣은 붉고 푸른
    빛깔의 무늬. 장님이 단청을 구경한다는 뜻으로, 사물의 참된 모습을 깨닫지 못하는 것을 비유함.

17. 천〃만고: 천천만고. 아주 오랜 세월.

18. 즁싱: 중생. 많은 사람.

19. 문장ᄌᆞ스 유방ᄇᆡᆨ셰: 문장재사 유방백세. 문장에 재주 있는 사람이 되어 향기로운 이름을 100세대에
    흘려보냄.

20. 취필: 취필. 술에 취해 글을 씀.

21. 실담: 실수로 하는 말. 자기 말에 대한 검사.

한잔하며 잠이 드네

간밤에 부든바람
춘풍春風이 젹실的實¹ᄒ다
이십ᄉ번 화신풍二十四番花信風²니
만ᄌ천홍萬紫千紅³ 쇼식消息오늬
창窓압페 미화梅花향긔香氣
송이 〃〃 빅옥白玉이오
시늬가에 버들빗흔
가지 〃〃 황금黃金이라
가긔佳氣은 총농蔥曨⁴ᄒ고
시물時物은 창무暢茂⁵흔듸

간밤에 불던 바람
봄바람이 틀림없다.
스물 네 번 꽃바람에
울긋불긋 소식 오네.
창 앞의 매화 향기
송이송이 백옥이고,
시냇가의 버들잎은
가지가지 황금이네.
봄기운 짙푸르고
봄풀은 무성한데

---

1. 젹실: 적실. 틀림이 없이 확실함.
2. 이십ᄉ번화신풍: 이십사번화신풍. 절기 중 소한(小寒, 양력 1월 6일경)에서 곡우(穀雨, 양력 4월 20일 경)까지 부는 바람. 이 100여 일의 기간에 5일마다, 24번에 걸쳐 꽃들이 피기에 생긴 명칭으로 줄여 서 화신풍(花信風)이라고도 함.
3. 만ᄌ천홍: 만자천홍. 만 개의 보랏빛과 천 개의 붉은빛. 울긋불긋한 꽃들.
4. 가긔은 총농: 가기는 총롱. 가기(佳氣)는 자연의 아름다운 기운. 총롱(蔥曨)은 푸르고 짙은 기운. 송나 라 문인 소식(蘇軾, 1036~1101)의 〈우거합강루(寓居合江樓)〉의 "바다와 산이 푸르고 짙어 아름다운 기운이로다.(海山蔥曨氣佳哉)"에서 유래한 구절.
5. 시물은 창무: 시물은 제철의 생산물. 창무는 풀과 나무가 잘 자라 무성함.

풍경風景이 가옵쓰니[6]	풍경은 끝없으니
시흥詩興[7]인들 져글숀야	시흥이 적을쏘냐.
달빗치 등쵹燈燭되고	달빛이 촛불 되고
물쇼리로 싱황笙簧[8]솜아	물소리는 음악 되니
슈간모옥數間茅屋[9] 졍쇄精灑[10]흔듸	초가집 깨끗한데
동즈童子 불너 분부分付 흐야	동자 불러 분부하여
숀슌쥬松筍酒[11] 가득부어	송순주 가득 부어
일빅〃〃一杯一杯 부일빅復一杯[12]라	한잔 한잔 또 한잔.
셩현聖賢을 다맛보고	성현을 다 만나보고

6. 가옵쓰니: 가없으니. 끝이 없음.

7. 시흥: 시를 짓고 싶은 흥취.

8. 싱황: 생황. 전통악에서 쓰는 관악기의 일종. 큰 대나무로 판 통에 많은 죽관을 둘러서 부는 구조로 되어 있음. 여기서는 악기의 대유.

9. 슈간모옥: 수간모옥. 몇 칸 안 되는 풀로 지은 집. 검소한 생활의 비유적 표현.

10. 졍쇄: 정쇄. 맑고 깨끗함.

11. 숀슌쥬: 송순주. 소나무의 새순을 따 넣어 빚은 술.

12. 일빅〃〃부일빅: 일배일배부일배. 한잔 한잔 또 한잔. 당나라 시인 이태백(李太白, 701~762)의 〈산중여유인대작(山中與幽人對酌)〉에 나오는 "두 사람이 마주 술을 마시니 산에는 꽃이 피네. 한잔 한 잔 또 한잔. 나는 취해 자려 하니 그대는 가오. 내일 아침 생각나면 거문고를 잡고 다시 오시구려.(兩人對酌山花開, 一杯一杯復一杯. 我醉欲眠君且去, 明朝有意抱琴來)"에서 유래한 구절로, 흥취 있게 술 마시는 장면의 묘사에 자주 인용됨.

큰도道을 통通ᄒ혼후後에   큰 도를 통한 후에

시혼詩魂이 야류冶遊[13]ᄒ고   시혼이 넘쳐나고

심진心眞이 호탕豪宕[14]ᄒ여   마음도 호탕하니

침상寢牀의 잠간비겨   침상에 잠깐 기대

ᄉ몽비몽似夢非夢 조으더니   비몽사몽 졸았더라.

---

13. 시혼이 야류: 시혼이 야유. 시혼은 시의 혼(魂), 즉 시심(詩心). 야유는 방탕하게 놂.

14. 심진이 호탕: 심진이 호탕. 심진(心眞)은 도가에서 심장을 이르는 말, 즉 마음.

파초신선도芭蕉神仙圖 (장승업張承業, 1843~1897, 국립중앙박물관 소장)

파초 아래의 신선을 그린 그림이다. 파초와 신선은 인연이 깊은데, 선인들은 신선들을 흉내 내어 파
초를 부채처럼 활용하기도 하고, 넓은 파초잎을 활용해 그 위에 그림을 그리기도 하였다. 그림 아래
의 동자는 신선의 벼루를 씻고 있다.

하늘로 올라가다

환간幻間[1]의 곤困흔 쥬력酒力[2]
꿈 사이 곤한 기운

옥슨玉山이 물너안져
옥산에 물러앉아

츈흥春興의 다린[3]몸이
봄날 흥에 달은 몸이

무하항無何鄕[4] 들러가셔
무하향에 들어가서

칠원호졉漆園胡蝶[5] 뒤을ᄯᆞ라
장자 나비 뒤를 따라

틔허太虛[6]을 거름ᄒᆞ니
천상으로 걸음 하니

삼청三淸[7]로 인도引導ᄒᆞ리
삼청으로 이끄는 이

왕ᄌᆞ교王子喬[8] ᄌᆞ네든가
왕자교 자네인가.

젼연前緣[9]을 의논議論ᄒᆞ고
지난 인연 의논하고

---

1. 환간: 아득한 사이.

2. 쥬력: 주력. 술기운.

3. 다린 몸: 달은 몸. 몹시 하고 싶어 들뜨고 조급해진 몸.

4. 무하항: 무하유향(無何有鄕). 아무것도 거칠 것 없이 끝없이 펼쳐진 세계. 장자(莊子, B.C. 365~290)의
   이상향(理想鄕)을 뜻함.

5. 칠원호졉: 칠원호접. 장자의 호랑나비. 칠원은 중국 몽현(蒙縣)의 칠원리(漆園吏)를 지낸 장자를 칭한
   말. 호졉(胡蝶)은 호랑나비.

6. 틔허: 태허. 큰 허공, 즉 하늘.

7. 삼청: 삼청. 도가(道家)에서 말하는 신선이 사는 옥청(玉淸), 상청(上淸), 태청(太淸)의 세 청.

8. 왕ᄌᆞ교: 왕자교. 주(周)나라 영왕(靈王, ?~B.C. 545)의 태자 진(晉, ?~?). 자교(子喬)는 자(字). 생황을
   잘 불었다고 전하며, 구씨산(緱氏山)에서 백학을 타고 생황을 불며 사라져 신선이 되었다고 함.

9. 젼연: 전연. 전생에서 맺은 연분.

후약後約을 구지미즈   훗날 약속 굳게 맺네.

농옥弄玉[10]의 치란彩輦[11] 빌고   농옥의 가마 빌려

틱을太乙[12]의 연엽蓮葉[13]쯔워   허공에 연잎 띄워

옥히파玉海波 만리쳔萬里天의   옥해 파도 만 리 하늘

구경가즈 권勸ᄒ거늘   구경 가자 권하거늘,

진연進宴[14]을 물이치고   잔치를 물리치고

낭풍涼風[15]을 더우잡아[16]   바람을 끌어당겨

젹송자赤松子[17] 보랴ᄒ고   적송자를 만나러

현도玄都[18]을 차져가니   현도를 찾아가네.

---

10. 농옥: 춘추시대 진목공(秦穆公, ?~B.C. 621)의 딸. 피리를 잘 부는 소사(簫史)를 좋아하여 그에게 시집가 피리를 배워, 부부가 봉황을 타고 하늘에 올라 신선이 되었다고 함.

11. 치란: 채련. 꽃무늬를 놓은 가마.

12. 틱을: 태을. 도가에서 말하는 우주 또는 하늘.

13. 연엽: 연잎. 예전에는 신선이 연잎을 타고 다니는 것으로도 상상함. 송나라 한구(韓駒, 1080~1135)가 〈태일고사도(太一姑射圖)〉를 보고 지은 시에 "신선이 연잎 배를 타고 가네.(太一眞人蓮葉舟)"란 구절이 있음.

14. 진연: 잔치.

15. 낭풍: 양풍. 시원한 바람.

16. 더위잡아: 높은 곳에 오르려고 무엇을 끌어 잡아.

17. 젹송자: 적송자. 중국 고대 전설상의 제왕인 염제 신농씨(神農氏) 때에 비를 다스렸다는 신선. 비바람을 타고 천상과 지상을 오르내리며 신농씨의 딸에게 선술을 가르쳐 주었다가 이후 신농씨 딸과 함께 천상계로 올라갔다고 전함. 한나라 장량(張良, ?~B.C. 186년경)이 개국의 공을 이루고 나서 따라갔던 신선으로도 알려져 있음.

18. 현도: 신선이 사는 세계.

하늘 도시의 풍경

요지연瑤池宴[1] 져문봄에   요지연 저문 봄에

청죠靑鳥[2]가 와릭邀來[3]ᄒ고   파랑새가 마중하고

구화순九華山[4] 발근달에   구화산 밝은 달에

빅학白鶴이 넘노난다   백학이 넘실대네.

상청上淸[5]의 션풍경월仙風瓊月   상청의 신선 풍경

면 〃綿綿이[6] 빗춰잇고   사방에 비추었고

옥계玉階[7]에 긔화요쵸琪花瑤草[8] 옥계단의 기이한 꽃

곳 〃지 즈져쓰니[9]   곳곳에 피었으니

---

1. 요지연: 요지에서의 잔치. 요지는 상상의 산 곤륜산(崑崙山)에 있는 못. 곤륜산은 왼쪽에는 요지(瑤池)가
   있고 오른쪽에는 취수(翠水)가 있으며 산 아래에는 약수(弱水)가 흐르고 있어 깃털 바퀴가 달린 바
   람 같은 수레가 아니면 갈 수 없는 선계임. 서왕모가 다스리는 곤륜산에 주(周)나라 목왕(穆王, B.C.
   992~922)이 어렵게 찾아오자 요지에서 잔치를 베풀었다는 고사가 있음.
2. 청죠: 청조. 파랑새. 곤륜산 요지에서 서왕모(西王母)를 모시는 새. 서왕모가 한(漢)나라 무제(武帝,
   B.C. 156~87)를 방문할 때 미리 와서 소식을 전함으로써 이후 '소식을 전하는 새'로 상징됨.
3. 와릭: 요래(邀來)의 잘못인 듯. 요래는 와서 맞이함.
4. 구화순: 구화산. 중국 산서(山西)에 있는 산으로 중국의 4대 영산.
5. 상청: 상청. 신선이 산다는 삼청(三淸)의 하나. 이상향.
6. 면〃이: 면면이. 끊어지지 않고 계속.
7. 옥계: 옥돌을 잘라 만들거나 옥으로 장식한 섬돌.
8. 긔화요쵸: 기화요초. 선경(仙境)의 진귀한 꽃과 풀.
9. 곳〃지 즈져쓰니: 곳곳에 잦았으니. 곳곳에 흩어져 있으니. '좇다'는 빈번하다의 뜻인데, 시가(詩歌)
   에서는 '處處에 좇다 · 곳곳에 잦다'의 형태로 쓰여 '이리저리 자잘하게 흩뿌려져 있는 모양'을 나타

인간人間이 어딘미요   인간 세계 어디런가

옥경玉京[10]이 여긔로다   옥황 궁궐 여기로다

광흔궁廣寒宮[11] 발근밤에   광한궁 밝은 밤에

항아姮娥[12]가 도약搗藥[13]ᄒ고   항아가 약을 찧고

오작교烏鵲橋[14] 져문비에   오작교 저녁 비에

즉녀織女[15]가 비단쫀다   직녀가 비단 짠다.

청여장靑藜杖[16] 손에줍고   지팡이 손에 잡고

이리져리 방황彷徨ᄒ니   이리저리 방황하니

화풍和風이 것들불며   화풍이 살짝 불며

낼 때도 쓰임.

10. 옥경: 옥황상제(玉皇上帝)가 사는 천상의 도시. 백옥경(白玉京)이라고도 함.

11. 광흔궁: 광한궁. 달 속에 있다는 상상의 궁전. 선녀 항아(姮娥)가 산다고 전함.

12. 항아: 달 속에 산다는 전설 속의 선녀. 예(羿)의 아내로, 남편 예가 서왕모(西王母)에게서 불사약을
    얻어 오자 그것을 몰래 훔쳐 달 속으로 도망쳤다고 전함.

13. 도약: 약을 찧음. 도약은 이백(李白, 701~762)의 〈파주문월(把酒問月)〉의 "옥토끼는 춘추로 도약을
    하는데, 항아는 외로이 누구와 이웃하나?(玉兔搗藥秋復春 姮娥孤棲與誰隣)"에서 보임.

14. 오작교: 까마귀와 까치가 은하수에 놓는다는 다리. 칠월 칠석날에, 견우와 직녀를 만나게 하기 위하
    여 이 다리를 놓는다고 함.

15. 즉녀: 직녀. 견우직녀설화에 나오는 여주인공. 옥황상제의 손녀인데, 목동인 견우와 결혼한 후 자신
    들의 의무를 게을리하자 그 벌로 옥황상제는 두 사람을 1년에 한 번만 만날 수 있게 함. 그런데 은
    하수가 그들을 가로막아 만날 수가 없게 되자 수많은 까마귀와 까치가 머리를 맞대어 다리를 놓아
    주었다고 전함.

16. 청여장: 청려장. 명아줏대로 만든 지팡이.

션악仙樂 소리 들이거늘

정신精神이 황홀恍惚ᄒ여

옷깃슬 염무으고

그소리 ᄎ져가니

노랫소리 들리거늘

정신이 황홀하여

옷깃을 여민 채

그 소리 찾아가네.

궁궐의 풍경

창합문閶閤門[1] 亽四거리에   궁궐문 사거리에

오운五雲이 영롱玲瓏ᄒ고   오색 구름 영롱하고

누각樓閣이 죠료照耀[2]ᄒ다   누각이 빛나도다.

빅옥白玉으로 현판懸板ᄒ고   백옥으로 현판 하고

황금黃金으로 기동셔워   황금으로 기둥 세워

젹듸모赤玳瑁[3]로 듸량大梁[4]언고   붉은 거북 대들보에

ᄌᆞ산호紫珊瑚[5]로 연목椽木[6]거러   보라 산호 서까래,

진쥬珍珠로 쥬쵸柱礎[7]박고   진주로 초석 박고

보픽寶貝[8]로 기와[9]ᄒ며   보배로 기와 얹고

유리琉璃로 충호窓戶[10]ᄒ니   유리로 창문 했네.

일월日月이 명낭明朗[11]ᄒ고   일월이 밝고 맑고

---

1. 창합문: 대궐의 문. 여기서는 하늘나라 궁궐의 정문.

2. 죠료: 조요. 밝게 비쳐서 빛남.

3. 젹듸모: 적대모. 빛깔이 검붉고 윤이 나는 바다거북의 등껍데기.

4. 듸량: 대량. 대들보. 작은 들보의 하중을 받기 위하여 기둥과 기둥 사이에 건너지른 보.

5. ᄌᆞ산호: 자산호. 자줏빛 산호. 예로부터 칠보의 하나로 여김.

6. 연목: 서까래. 마룻대에서 도리 또는 보에 걸쳐 지른 나무.

7. 쥬쵸: 주춧돌. 기둥 밑에 괴는 돌.

8. 보픽: 보배. 진귀한 조가비로 장식품이나 화폐에 사용되었음.

9. 기와: 기와.

10. 충호: 창호. 창과 문.

11. 명낭: 명랑. 밝고 환함.

슈졍水晶으로 쥬렴珠簾[12]ㅎ니 수정으로 발을 다니

운무雲霧[13]가 어리도다 구름 안개 어렸도다.

쥬궁픽궐珠宮貝闕[14] 깁흔곳디 보배 궁궐 깊은 곳에

ㅎ도낙셔河圖洛書[15] 단청丹靑[16]ㅎ고 하도낙서 단청하고

상졔고거 강졀죄上帝高居絳節朝ㅣ[17]라 상제 높이 앉아 있네.

국궁鞠躬[18]ㅎ고 바리보니 절을 하고 바라보니

봉역룡긔 만팔년鳳曆龍記萬八年에[19] 태초 이래 만 팔 년에

빅옥누白玉樓[20]을 즁슈重修ㅎ고 백옥루 다시 짓고

만죠졔신滿朝諸臣[21] 분부分付ㅎㅅ 만조백관 분부하여

낙셩연落成宴[22]을 비셜排設 홀시 낙성연을 베풀도다.

---

12. 쥬렴: 주렴. 구슬을 꿰어 만든 발.

13. 운무: 구름과 안개.

14. 쥬궁픽궐: 주궁패궐. 구슬과 보배로 지은 아름다운 궁궐.

15. ㅎ도낙셔: 하도낙서. 하도(河圖)는 중국 신화시대의 복희씨(伏羲氏) 때에, 황하(黃河)에서 용이 지고 나왔다는 55점으로 된 그림. 낙서(洛書)는 우임금이 홍수를 다스릴 때, 낙수에서 나온 거북의 등에 있었다고 하는 45개의 점으로 된 무늬. 하도와 낙서는 주역의 기본 이치가 됨.

16. 단청: 단청. 붉은빛과 푸른빛 또는 채색하는 일을 말함. 여기서는 하도낙서를 그림을 말함.

17. 상졔고거강졀죄: 상제고거강절조(上帝高居絳節朝). 옥황상제는 높이 앉아 있고, 강절을 지니고 조회함. 강절은 임금을 뵙는 사신이 지니는 신표(信標).

18. 국궁: 존경하는 뜻으로 몸을 굽힘.

19. 봉역룡긔만팔년: 봉역용기만팔년. 봉역(鳳曆)과 용기(龍紀)는 모두 책력의 시작을 뜻하는 말. 태호 복희씨(太昊伏羲氏) 때는 봉황으로써 책력 기준을 삼았고 소호 금천씨(小昊金天氏) 때는 용으로써 책력 기준을 삼았던 데서 비롯한 말. 만 팔 년은 옛 신인들이 만 팔천 년을 살았던 데서 비롯한, 오랜 세월의 의미.

20. 빅옥누: 백옥루. 옥황상제가 산다는 옥경(玉京)에 있는 누각.

21. 만죠졔신: 만조제신. 조정에 가득한 모든 신하.

22. 낙셩연: 낙성연. 건축물을 다 지음을 축하하는 잔치.

문장의 역대 호걸들

문홍文虹[1]으로 다리노와	무지개로 다리 놓아
역딕문장歷代文章 부르시니	역대 문사 부르시니
시즁천ᄌ詩中天子 리틱빅李太白[2]은	시중천자 이태백은
상양문上梁文[3]을 지으랴고	상량문을 지으려고
긔경상쳔騎鯨上天[4] ᄒᆞᆫ은후後의	고래 타고 하늘 오니
강남풍월江南風月[5] 흔가閑暇ᄒᆞ고	강남 풍월 한가하네.
고헌과高軒過 리장길李長吉[6]은	고헌과의 이장길은
즁슈긔重修記[7] 지으랴고	중수기를 지으려고

---

1. 문홍: 고운 무지개.

2. 시즁천ᄌ 리틱빅: 시중천자 이태백. 시인 중에서 가장 으뜸이 되는 당나라 이태백(李太白, 701~762).

3. 상양문: 상량문. 집을 지을 때 기둥에 보를 얹고 그 위에 마룻대를 올리는 것을 상량이라고 하는데, 그 상량을 송축하는 글.

4. 긔경상쳔: 기경상천. 고래를 타고 하늘로 올라감. 이태백이 술에 취하여 고래를 탔다가 바닷물에 빠져 죽었다는 이야기가 전함.

5. 강남풍월 흔가: 강남풍월이 한가함. 강남은 중국 양자강 이남 지역. 풍월은 시문. 송나라 마존(馬存, ?~1096)의 〈연사정(燕思亭)〉이란 시에 "이백이 고래 타고 하늘로 날아 올라가니, 강남땅 풍월이 한가한 지 여러 해라.(李白騎鯨飛上天 江南風月閑多年)"라는 구절이 있음.

6. 고헌과 리장길: 〈고헌과(高軒過)〉를 지은 이장길(李長吉, 790~816). 이름은 하(賀)이며, 당나라의 천재 시인으로 7세에 〈고헌과〉를 지어 한유(韓愈, 768~824)를 경탄케 했다고 전함. 그가 요절하자 당시 사람들은 천상에서 백옥루(白玉樓)의 기문(記文)을 짓게 하고자 데려갔다고 생각함.

7. 즁슈긔: 중수기. 낡은 건축물을 다시 고쳐 지은 것에 대한 기록.

빅의격규_{緋衣赤虬} 亽즈_{使者}[8]따라　　　붉은 용 탄 사자 따라

빅일승천_{白日昇天}[9] 호여잇고　　　대낮부터 하늘 왔네.

옥당학亽_{玉堂學士} 금유향_{今劉向}[10]은　　　유향 같은 옥당학사

금즉즁_{禁直中}[11]에 놉피안고　　　궁전 지켜 높이 앉고

시즁유화_{詩中有畵} 왕마힐_{王摩詰}[12]은　　　시 속 그림 왕마힐은

망천도_{輞川圖}[13]을 흔랍_{獻納}호고　　　망천도를 바치옵고

슈문박亽_{修文博士} 숑지문_{宋之問}[14]은　　　수문박사 송지문은

---

8. 빅의젹규 亽즈: 배의적규 사자. 붉은 비단옷을 입고 붉은 용을 탄 사자. 이장길(李長吉, 790~816)이
　　죽을 때, 낮에 붉은 비단옷(緋衣)을 입은 어떤 사람이 붉은 용(赤虬)을 타고 판자를 들고 나타났는데,
　　그 판자에 "상제가 백옥루를 완성하여, 지금 그대를 불러서 기문을 짓게 하시려 한다.(帝成白玉樓 立
　　召君爲記)"라고 쓰여 있었다고 함.

9. 빅일승천: 백일승천. 대낮에 하늘로 오름. 신선이 되어 하늘로 오름을 뜻함.

10. 옥당학亽금유향: 옥당학사 금유향. 옥당의 학사들은 지금의 유향임. 유향(劉向, B.C. 77년경~8년경)
　　은 중국 전한 말기의 학자. 유향이 후대에까지 칭송되었음을 보여주는 의미로 유향을 찬양한 말. 이
　　구절은 송나라 한구(韓駒, 1080~1135)의 〈제태을진인연엽도(題太乙眞人蓮葉圖)〉에서 인용됨.

11. 금즉즁: 금직중. 굳게 지키는 중. 상기한 한구(韓駒)의 시 제13~14구는 "옥당의 학사들은 지금의 유
　　향 같아 하늘 위에 높이 솟은 궁전을 굳게 지키네.(玉堂學士今劉向 禁直崢嶸九天上)"인데, 이것의 인
　　용임.

12. 시즁유화 왕마힐: 시중유화 왕마힐. 시 속에 그림이 있는 왕마힐. 마힐(摩詰)은 당나라 문인 왕유(王維,
　　699?~759)의 자(字). 당의 시인이자 화가로서 자연을 소재로 한 서정시에 뛰어났음. 시중유화는 송나
　　라 소식(蘇軾 1036~1101)이 왕유의 시와 그림을 평해 "마힐의 시를 감상하면 시 속에 그림이 있고, 마
　　힐의 그림을 보노라면 그림 속에 시가 있더라.(味摩詰之詩 詩中有畵 觀摩詰之畵 畵中有詩)《동파지림(東
　　坡志林)》"라고 말한 데서 비롯됨.

13. 망천도: 망천도. 망천의 그림. 망천은 왕마힐의 별장이 있던 곳으로, 망천도는 그곳의 풍경 중 빼어
　　난 곳 20군데를 직접 그린 그림.

14. 슈문박亽 숑지문: 수문박사 송지문(宋之問, 656년경~712). 당나라 때의 문인으로 근체시(近體詩)의

명호편明河篇[15]을 풍숑諷誦ᄒ고 | 명하편을 외고 있네.

두ᄌ미杜子美의 곡강시曲江詩[16]와 | 두보의 곡강시와

왕환지王渙之의 양쥬ᄉ凉州詞[17]와 | 왕지환의 양주사와

유종원柳宗元의 옥픠玉佩소리[18] | 유종원의 옥패 소리

음뉼音律이 졍"琤琤[19]ᄒ고 | 음률이 쟁쟁하고,

ᄉ영운謝靈運의 부용체芙蓉體[20]와 | 사영운의 부용체와

심휴문沈休文의 금슈귀錦繡句[21]와 | 심휴문의 금수구와

발전에 기여함.

15. 명호편: 명하편. 밝은 강, 즉 은하수를 노래한 송지문의 시를 말함. "은하수는 볼 수는 있지만 가깝지는 않은 곳, 뗏목 얻어 나루터를 찾아가고 싶도다.(明河可望不可親 願得乘槎 一問津)"와 같은 내용으로 되어 있음.

16. 두ᄌ미의 곡강시: 두자미의 곡강시. 자미(子美)는 당나라 시인 두보(杜甫, 712~770)의 자(字). 이백(李白)과 더불어 이두(李杜)로 불리며 시성(詩聖)으로 칭송됨. 곡강시는 당나라 수도 장안에 있던 연못인 곡강에서 쓴 시. 말년에 이곳에 살면서 "가는 곳마다 외상 술값 있지만 인생 칠십 년은 예로부터 드문 일.(酒債尋常行處有 人生七十古來稀)"이라고 읊어 고희(古稀)라는 어휘를 유래시킴.

17. 왕환지의 양쥬ᄉ: 왕지환의 양주사. 왕환지는 왕지환의 잘못. 왕지환(王之渙, 688~742)은 당나라 시인으로 〈양주사(凉州詞, 일명 출새곡)〉로 유명함.

18. 유종원의 옥픠 소리: 유종원의 옥패 소리. 유종원(柳宗元, 773~819)은 당나라 문인. 자는 자후(子厚). 옥패는 관원들이 차는 옥으로 만든 패물. 한유(韓愈)가 유종원의 문장을 "옥패(玉佩)와 경거(瓊琚)로 그 소리를 크게 낸다.(玉佩鳴瓊琚)"고 칭찬한 데서 유래함.

19. 졍": 쟁쟁. 옥이 맞부딪쳐 맑게 울리는 소리.

20. ᄉ영운의 부용체: 사영운의 부용체. 사영운의 연꽃처럼 아름다운 문체. 사영운(謝靈運, 385~433)은 산수시파(山水詩派)의 창시자. 부용은 연꽃.

21. 심휴문의 금슈귀: 심휴문의 금수구. 심휴문의 비단처럼 아름다운 문체. 휴문은 심약(沈約, 441~513)의 자(字). 남조(南朝)시대 송(宋)나라 관리이자 문학가. 금수는 비단에 놓은 수를 이르는 말로 아름다운 사물이나 시문(詩文)을 의미함.

한창여(韓昌黎)의 운금상(雲錦裳)[22]은　　　　한창려의 운금상은

광치(光彩)도 찬″(燦燦)ᄒ다　　　　　　　광채도 찬란하다.

ᄉ마씨(司馬氏)의 능운부(凌雲賦)[23]은　　　사마씨의 능운부는

의긔(意氣)가 표요(飄搖)[24]ᄒ고　　　　　의기가 높디 높고

굴숨여(屈三閭)의 어부ᄉ(漁父辭)[25]은　　어부사의 굴원은

형용(形容)도 쵸쵀(憔悴)[26]ᄒ다　　　　　그 모습 초췌하다.

비츄(悲秋)ᄒ든 숑옥(宋玉)[27]이은　　　　송옥의 가을 탄식

---

22. 한창여의 운금상: 한창려의 운금상. 한창려는 당송팔대가의 한 명인 한유(韓愈, 768~824). 그의 선
　　조가 중국 하북성(河北省) 창려 지역 출신이므로 창려선생(昌黎先生)으로도 불림. 운금상(雲錦裳)은
　　곱고 아름다운 옷인데, 아름답고 화려한 문장을 뜻하기도 함. 소식(蘇軾, 1036~1101)이 한유를 칭송
　　하여 지은 〈조주한문공묘비〉(潮州韓文公廟碑)에 "손으로 은하수를 열어 문체를 갈랐으니, 직녀가 베
　　를 짜서 '운금상'을 만들었네.(手抶雲漢分天章 章天孫爲織雲錦裳)"가 있는데, 여기에 나온 말.

23. ᄉ마씨의 능운부: 사마씨의 능운부. 사마씨는 중국 한나라의 문인 사마상여(司馬相如, B.C.
　　179~117). 그의 작품으로 〈자허부〉(子虛賦)가 있는데, 한(漢)나라 무제(武帝, B.C. 156~87)가 읽고
　　"휘날리는 듯하여 '능운'의 기상이 있다.(飄飄然有凌雲之氣)"고 평함. 능운부(凌雲賦, 구름 위로 올라
　　가는 듯한 부)는 여기에서 취한 구절.

24. 표요: 비상하는 모양을 뜻함. 위 한무제의 평어에 나온 표현.

25. 굴숨여의 어부ᄉ: 굴삼려의 어부사. 굴삼려는 초나라 때 삼려대부를 지냈던 굴원(屈原, B.C. 340년경
　　~278년경)의 별칭. 회왕의 신임을 받았으나 참소로 인하여 강남으로 유배되어 먹라수에 투신 자살
　　한 비운의 인물. 〈어부사(漁父辭)〉는 그의 대표작으로, 정계에서 쫓거나 강남에 머물며 집필한 작품
　　임. 창강에서 고기를 잡는 어부를 만나 나눈 대화인데 굴원은 이 글에서 자신을 '남들은 다 취해 있
　　는데 홀로 깨어 있음(衆醉獨醒)'으로 표현하며 초나라가 처한 상황을 한탄함.

26. 쵸쵀: 초췌. 근심으로 얼굴이나 몸이 여위고 파리함. 〈어부사〉 서두에 "굴원이 쫓겨나 강에서 노닐
　　며 못가에서 시를 읊조리고 다니는데 안색은 초췌하고 모습은 야위어 보였다.(屈原旣放 遊於江潭 行
　　吟澤畔 顏色憔悴 形容枯槁)"라고 되어 있는데 여기서 취한 표현.

27. 비츄ᄒ든 숑옥: 비추하던 송옥. 가을을 슬퍼하던 송옥(宋玉, B.C. 290년경~222년경). 비추(悲秋)는 송

강슨고퇵江山古宅[28] 소슬蕭瑟[29]ᄒ고   강산고택 쓸쓸하고

등누登樓ᄒ든 왕찬王粲[30]이오   악양루의 왕찬과

츅빈逐貧ᄒ든 즈운子雲[31]이리   가난 쫓던 양자운.

익강남哀江南 져문날은   저문 날의 강남 애상

유기부庾開府[32]의 탄식歎息이오   유개부의 탄식이요,

픽교상霸橋上 져는나귀[33]   패교 위의 저는 나귀

밍학ᄉ孟學士[34]의 흥미興味로다   맹학사의 흥미로다.

옥의 〈구변(九辯)〉에 나온 "슬프구나, 가을 기운이여. 소슬하구나, 초목의 떨어짐과 쇠약해짐이

여.(悲哉, 秋之爲氣也. 蕭瑟兮, 草木搖落而變衰)"에서 따온 말.

28. 강슨고퇵: 강산고택. 강산(江山) 사이의 옛집이란 뜻으로, 송옥이 살던 집을 칭함. 당나라 시인 두

보(杜甫, 712~770)가 〈영회고적(詠懷古跡)〉에서 송옥을 추억하며 "강산고택에 부질없이 문장만 남

았네.(江山故宅空文藻)"라고 표현한 데서 유래함.

29. 소슬: 으스스하고 쓸쓸함. 송옥의 〈구변(九辯)〉에 나온 "소슬하구나, 초목의 떨어짐과 쇠약해짐이

여.(蕭瑟兮, 草木搖落而變衰)"에서 취한 말.

30. 등누ᄒ든 왕찬: 등루하던 왕찬. 누각에 오르던 왕찬. 왕찬(王粲, 177~217)은 후한 말기의 시인. 서경

(西京)이 어지러워지자 형주(荊州)에 살면서 악양루(岳陽樓)에 올라 고향을 그리워하는 〈등루부(登

樓賦)〉를 지었음.

31. 츅빈ᄒ든 즈운: 축빈하던 자운. 가난함을 쫓던 자운. 자운은 한나라 양웅(揚雄, B.C. 53~18)의 자(字). 양

자운은 〈축빈부(逐貧賦)〉를 지었는데, 가난을 쫓는 내용임.

32. 유기부: 유개부. 벼슬이 개부의동삼사(開府儀同三司)에 올랐던 유신(庾信, 513~581)의 별칭. 자는 자

산(子山). 남북조(南北朝) 말기의 문인으로 궁정문학(宮廷文學)을 대표하는 시인임.

33. 픽교상 져는 나귀: 패교 위의 저는 나귀. 패교는 중국 섬서성 장안의 동쪽을 흐르는 패수 위에 있는

다리. 이 다리와 관련하여, 시심(詩心)이 떠오르는 운치 있는 모습을 뜻하는 패교기려(霸橋騎驢)라는

고사성어가 있음.

34. 밍학ᄉ: 맹학사. 당나라 시인 맹호연(孟浩然, 689~740). 송나라의 문인 소식(蘇軾)이 〈증사진하충수

재(贈寫眞何充秀才)〉에서 "그대는 보지 못했는가, 눈발 속에 나귀 탄 맹호연이, 눈썹 찌푸린 채 산처

마즈지馬子才의 칠석가七夕歌[35]며

좌퇴츙左太沖의 슴도부三都賦[36]요

황학누黃鶴樓[37] 빅운귀白雲句[38]은

취호崔顥가 상두上頭[39]되고

젹벽강赤壁江 명월시明月詩[40]은

쇼즈蘇子[41]의 취흥醉興이라

장뢰의 칠석가며

좌태충의 삼도부

황학루의 백운 구절

최호가 으뜸이고

적벽강 명월시는

소동파의 취흥이라

런 어깨를 웅크리고 시 읊는 그 모습을.(又不見雪中騎驢孟浩然 皺眉吟詩肩聳山)"이라는 시구를 남김.

35. 마즈지의 칠석가: 마자재의 칠석가. 〈칠석가(七夕歌)〉는 송나라 시인 장뢰(張耒, 1054~1114)가 칠월 칠석
날 견우와 직녀의 전설을 소재로 하여 지은 노래. 마자재(馬子才)는 송나라 문인 마존(馬存, ?~1096)의
자(字)이므로 '마자재의 칠석가'는 착오임.《고문진보(古文眞寶)》에 마자재의 작품과 장뢰의 〈칠석가〉
가 연달아 수록되어 생긴 착오임.

36. 좌퇴츙의 슴도부: 좌태충의 삼도부. 좌태충은 좌사(左思, ?~306년경), 태충은 그의 자(字). 하급 관리
의 집에서 태어나 여동생이 궁중에 들어간 일을 계기로 낙양(洛陽)에 살면서 〈삼도부(三都賦)〉를 지
었는데 이것이 당시 문단의 영수였던 장화(張華)의 눈에 띄면서 유명해짐. 삼도부는 위(魏)·촉(蜀)·
오(吳) 세 나라 도읍의 번화상을 그린 작품임.

37. 황학누: 중국 호북성(湖北省)의 황곡산(黃鵠山)에 있는 누각. 악양루(岳陽樓), 등왕각(滕王閣)과 함께 강
남 3대 명루로 꼽힘. 양자강(揚子江)을 조망하는 경치가 아름다운데 이백(李白, 701~762), 최호(崔顥,
704년경~754) 등의 시로 유명함.

38. 빅운귀: 백운구. 백운(白雲)의 시구절. 최호의 〈황학루(黃鶴樓)〉 제3~4구 "황학은 한번 가고 돌아오
지 않고, 빈 하늘에 '백운'만 천년을 떠도네.(黃鶴 一去不復返 白雲千載空悠悠)"를 칭하는 듯.

39. 취호가 상두: 최호가 상두. 최호가 으뜸. 최호(崔顥, 704년경~754)는 당나라 시인으로 그가 남긴 〈황
학루(黃鶴樓)〉는 당대 7언 율시의 최고작으로 꼽힘.

40. 젹벽강 명월시: 적벽강의 명월시. 적벽은 중국 호북성 양자강(揚子江) 기슭에 있는 명승지. 명월시는
이곳을 소재로 소동파가 지은 〈적벽부(赤壁賦)〉를 칭한 말.

41. 쇼즈: 소자. 소식(蘇軾, 1036~1101). 중국 송나라 문인으로 소동파(蘇東坡)로 잘 알려져 있음. 시(詩),
사(詞), 부(賦), 산문(散文) 등 모두에 능해 당송팔대가(唐宋八大家)에 듦. 소자(蘇子)는 〈적벽부(赤壁賦)〉
에서 그가 스스로를 칭한 말.

취과양쥬醉過楊州 귤만거橘滿車 [42]든 　　　"취과양주귤만거"는

풍치風采죠흔 두목지杜牧之 [43]오 　　　풍채 좋은 두목지요

팔첩병풍八疊屏風 미린닉 [44]은 　　　팔첩병풍 은하수는

풍유틱슈風流太守 구양지歐陽子 [45]라 　　　풍류태수 구양수라.

도연명陶淵明의 귀거릭歸去來 [46]와 　　　도연명의 귀거래사,

빅낙천白樂天의 양쥭긔養竹記 [47]며 　　　백낙천의 양죽기,

---

42. 취과양쥬귤만거: 취과양주귤만거. 취하여 양주 거리를 지나려니 귤이 수레에 가득함. 당나라의 문
　　인 두목(杜牧, 803~852)은 풍채가 좋았는데, 그가 술에 취해 양주 청루 거리를 지나면 기녀들이 귤
　　을 던져 수레에 가득 쌓였다는 일화가 전함.

43. 두목지: 당나라 문인 두목(杜牧, 803~852). 목지는 자(字). 잘생긴 외모로 유명했으며 문장과 시에도
　　능했음. 시풍이 두보(杜甫)와 비슷해서 소두(小杜)로도 불림.

44. 팔첩병풍 미린닉: 팔첩병풍 미리내. 팔첩병풍 은하수. 팔첩병풍은 8폭짜리 병풍. 이 병풍에 자
　　주 그려지는 인물로 나귀를 타고 가는 맹호연(孟浩然, 689~740)이나 책을 읽는 구양수(歐陽脩,
　　1007~1072)와 동자 등이 있는데 그중 구양수가 그려지는 풍경을 말한 것. 은하수 모티프는 구양수
　　의 〈추성부(秋聲賦)〉에 "동자가 말하기를 '달과 별이 빛나고, 하늘엔 은하수, 사방에는 사람이 없으
　　니 그 소리는 나무 사이에서 나는 것입니다' 하였다.(童子曰 星月皎潔 明河在天 四無人聲 聲在樹間)"
　　에서 취함.

45. 풍유틱슈 구양지: 풍류태수 구양자. 구양자는 구양수(歐陽脩, 1007~1072)에 대한 존칭. 당송팔대가
　　(唐宋八大家)의 한 사람으로 시와 글씨 모두 유명함. '풍류태수'는 구양수의 〈취옹정기(醉翁亭記)〉에
　　서 취한 모티프. 이 작품의 마지막 구절은 "취하면 능히 그 즐거움을 함께할 수 있고 깨면 능히 글
　　로 지을 수 있는 사람은 태수이니, 태수란 누굴 말하는가? 여릉의 구양수라네.(醉能同其樂, 醒能述以
　　文者, 太守也, 太守謂誰? 廬陵歐陽修也)"로 되어 있음.

46. 도연명의 귀거릭: 도연명의 귀거래사. 연명은 도잠(陶潛, 365~427)의 호. 중국 동진 때의 전원시인
　　(田園詩人)으로 중국 역사에서 가장 유명한 은사(隱士) 중 한 명으로 꼽힘. 〈귀거래사(歸去來辭)〉는
　　도연명의 대표작으로 고향의 자연에서 사는 풍류를 담고 있음.

47. 빅낙천의 양쥭긔: 백낙천의 양죽기. 낙천(樂天)은 백거이(白居易, 772~846)의 자(字). 당나라 중기의

위응물韋應物의 야도시野渡詩[48]을
뉘안이 층찬稱讚흐고
의취意趣[49]도 조컨이와
귀법句法[50]이 긔절奇絶흐다

위응물의 야도시를
누가 아니 칭찬하리.
담은 뜻도 좋거니와
구법이 절묘하다.

시인으로 현존하는 작품만 3,800여 수에 이름. 대표적인 작품으로는 〈장한가(長恨歌)〉, 〈비파행(琵琶行)〉 등이 있음. 〈양죽기(養竹記)〉는 대나무의 여물고(固), 바르고(直), 비고(空), 곧은(貞) 네 가지 속성을 인간에 빗대어 표현한 그의 작품.

48. 위응물의 야도시: 위응물(韋應物, 737~804). 당나라의 시인. 왕유(王維), 맹호연(孟浩然), 유종원(柳宗元) 등과 함께 왕맹위류(王孟韋柳)로 불림. 〈야도시(野渡詩)〉는 그의 작품으로 야도(野渡, 들판의 나루터) 풍경을 노래한 시. 우리나라에서 유행한 〈어부사(漁父詞)〉에도 인용되어 있음.

49. 의취: 의취. 사상과 취지.

50. 귀법: 구법. 시문을 만들거나 배열하는 방법.

선녀들의 풍류

문장文章을 평논評論ᄒ고   문장을 평론하고

ᄎ″次次로 상ᄉ相思¹훌식   차차 그리울 때

마고선녀麻姑仙女² 슈을 권勸코   마고 선녀 술 권하고

낙로ᄌ진子晉³ 풍유風流ᄒ니   낙로자진 풍류하니

단슨丹山의 금봉황金鳳凰⁴은   단산의 금봉황은

우의威儀⁵가 창″蹌蹌⁶ᄒ고   위의가 당당하고

젹셩赤城의 옥기린玉麒麟⁷은   적성의 옥기린은

긔상氣像이 융″融融⁸ᄒ다   기상이 평화롭다.

---

1. 상ᄉ: 상사. 남녀 간 생각하고 그리워하는 이야기.

2. 마고선녀: 마고선녀. 중국 고여산(姑餘山)에 산다는 아름다운 선녀. 상당한 미인으로, 입고 있는 옷에서 불가사의한 빛이 나와 사람들을 현혹시키기도 하며, 새처럼 긴 손톱이 있어 그것으로 긁으면 기분이 매우 좋아진다고 함.

3. 낙로ᄌ진: 낙로자진. 낙로는 미상. 자진은 왕자진. 주(周)나라 영왕(靈王, ?~B.C. 545)의 태자로 생황(笙篁)을 잘 불었다고 전하며, 구씨산(緱氏山)에서 생황을 불며 백학을 타고 사라져 신선이 되었다고 함.

4. 단슨의 금봉황: 단산의 금봉황. 단산은 불로장생의 단약(丹藥)이 나오는 전설상의 산. 단혈(丹穴)로도 불리는데,《산해경(山海經)》에 따르면 이곳에 오색 빛의 봉황이 산다고 함.

5. 우의: 위의. 위엄이 있고 엄숙한 태도나 차림새.

6. 창″: 창창. 모습이나 행동이 당당하고 위엄이 있음.

7. 젹셩의 옥기린: 적성의 옥기린. 적성은 중국 절강성(浙江省)의 천태산(天台山) 남쪽에 있는 산으로, 흙의 색깔이 붉고 모양이 성과 같아 붙여진 이름.

8. 융″: 융융. 화목하고 평화스러움.

그대 또한 옛 신선

진익塵埃[1]즁中 이닉몸이   티끌 속 이내 몸이

연분緣分[2]이 지즁至重[3]ᄒ여   연분이 무거워서

빅옥누白玉樓 낙셩연落成宴[4]의   백옥루 낙성연을

구경은 ᄒᆞ려니와   구경은 하려니와,

말셕末席[5]의도 외람猥濫ᄒ와   끝자리도 과분하여

문門밧게 쥬져躊躇ᄒ니   문밖에서 주저하니

향안젼香案前[6] 일션관一仙官[7]이   향안 앞의 한 신선이

보응녹報應錄[8] 손의들고   〈보응록〉을 손에 들고

탑젼榻前[9]으로 인도引導ᄒ여   상제 앞에 인도하네.

거쥬셩명居住姓名 무른후後에   이름을 물은 후에

---

1. 진익: 진애. 티끌과 먼지. 세상의 속된 것을 비유적으로 일컫는 말.

2. 연분: 서로 관계를 맺게 되는 인연.

3. 지즁: 지중. 더없이 무거움.

4. 낙셩연: 낙성연. 건축물을 다 지음을 축하하는 잔치.

5. 말셕: 말석. 맨 끝자리. 지위나 등급의 마지막 맨 끝을 뜻함.

6. 향안젼: 향안전. 향로를 올려놓는 탁자 앞. 신하가 올리는 물건을 놓는 곳이라는 점에서 임금께 아뢰
   는 자리를 의미함.

7. 션관: 선관. 선경(仙境)에서 벼슬살이를 하는 신선.

8. 보응녹: 보응록. 보응은 천인감응설(天人感應說)에서, 임금이 덕이 있으면 하늘이 상서(祥瑞)를, 덕을
   잃으면 재이(災異)를 내려준다는 말로, 〈보응록〉은 선악의 행실을 기록한 문서를 말함.

9. 탑젼: 탑전. 임금의 자리 앞.

합장ᄉᆞ비合掌四拜[10] 국궁鞠躬[11]ᄒᆞ니 · 절을 하고 인사하니

어쥬御酒[12]일잔一盞 쥬시면셔 · 술 한 잔을 주시면서

오십빅두五十白頭[13] 민망憫惘ᄒᆞᄉᆞ · 오십 백두 딱해 하며

위로慰勞ᄒᆞ여 이른마리 · 위로하며 이른 말이

너도니의 시종侍從[14]이라 · "너도 나의 시종이라

다시보니 창연愴然[15]ᄒᆞ다 · 다시 보니 서글프다.

왕ᄉᆞ往事[16]는 고ᄉᆞ固辭[17]ᄒᆞ고 · 지난 일은 버려두고

ᄂᆡ두來頭[18]을 볼지어다 · 앞날을 볼지어다.

청춘靑春의 학업學業 일어[19] · 청춘에 학업 세워

공명功名[20]은 못히쓰나 · 공명은 못 했으나

궁달窮達[21]이 유명有命[22]ᄒᆞ고 · 궁달은 운명이고

---

10. 합장ᄉᆞ비: 합장사배. 두 손바닥을 마주 대고 네 번 절을 함.

11. 국궁: 윗사람이나 위패 앞에서 존경의 뜻으로 몸을 굽힘.

12. 어쥬: 어주. 임금이 신하에게 내리는 술.

13. 오십빅두: 오십백두. 나이 오십이 된 허옇게 센 머리의 늙은이.

14. 시종: 시종. 왕이나 어른 옆에서 여러 가지 일들을 받드는 사람.

15. 창연: 슬퍼하는 모양.

16. 왕ᄉᆞ: 왕사. 지난 일.

17. 고ᄉᆞ: 고사. 제의나 권유 따위를 굳이 사양함. 여기서는 '보내어 버림, 잊음'의 의미.

18. ᄂᆡ두: 내두. 지금부터 다가올 앞날.

19. 일어: 시작하여. '일다'는 기(起)의 옛말.

20. 공명: 공을 세워 이름이 널리 알려짐.

21. 궁달: 빈궁과 영달. 가난해서 생활이 어렵거나 지위가 높고 귀하게 되는 것.

22. 유명: 운명에 의한 것으로 사람의 손으로 어찌할 수 없음.

부귀_{富貴}는 부운_{浮雲}[23]이라

인간지락_{人間之樂}[24] 쏘잇스니

명교즁_{名敎中}[25]의 유렴_{留念}ᄒ여

노당익장_{老當益壯}[26] 옛말이라

취졍회신_{聚精會神}[27] 다시ᄒ야

복히_{福海}[28]에 빅을쯰워

슌풍_{順風}에 돗흘다러

욕낭_{慾浪}[29]으로 가지말고

지슈인ᄉ_{智水仁山}[30] 도라들어

길은멀고 져문날에

부귀는 구름이라.

즐거움은 또 있으니

가르침에 유념하여

노익장 옛말 따라

정신을 다시 모아,

복 바다에 배를 띄워

순풍에 돛을 달아

욕망 파도 가지 말고

지수인산 돌아들어

길은 멀고 저문 날에

---

23. 부운: 뜬구름.

24. 인간지락: 세상의 지극한 즐거움.

25. 명교: 사람이 지켜야 할 가르침.

26. 노당익장: 늙었지만 의욕이나 기력은 점점 좋아짐. 노익장을 말함.

27. 취정회신: 취정회신. 정신을 가다듬어 한군데로 모음.

28. 복히: 복해. 복의 바다. 두터운 복.

29. 욕낭: 욕랑. 욕심의 물결. 욕심이 파도처럼 일어남을 비유함.

30. 지슈인ᄉ: 지수인산. 지혜로운 사람은 물을 좋아하고 어진 사람은 산을 좋아함.

안빅포치安排布置³¹ ᄒᆞ여쓰라　　　　순리대로 살아가라.

안퇴安宅³²도 비여잇고　　　　편안한 집 비어 있고

의로義路도 광활廣闊ᄒᆞ니　　　　의리의 길 드넓으니,

ᄉᆞ힉四海안을 형제兄弟 숨아　　　　온 세상을 형제 삼아

휴슈동귀攜手同歸³³ ᄒᆞ여쓰라　　　　손잡고 함께 살라."

---

31. 안빅포치: 안배포치. 물건을 적당한 위치에 순서 있게 벌여 놓음.

32. 안퇴: 안택. 편안한 거처.

33. 휴슈동귀: 휴수동귀. 함께 손잡고 돌아감.

그대의 옛일을 기억하오

상제분부上帝分付[1] 간측懇惻[2]ᄒᆞᆺ   상제 분부 간절하여
명심銘心ᄒᆞ고 빈퇴拜退[3]ᄒᆞ니   명심하고 물러나니
션관仙官이 겻혜셔 〃   신선 관리 곁에 서서
근근僅僅이[4] 사담私談[5]ᄒᆞ되   어렵사리 말을 걸되
그딕본시本是 동관同官[6]으로   "그대 본시 관리로서
죄척罪責[7]이 비경非輕[8]이라   죄과가 적지 않소.
긔질氣質[9]이 유약幼弱[10]ᄒᆞᆫ즁中   기질은 여렸으되
지긔志氣[11]가 호탕豪宕ᄒᆞ여   의기가 호탕하여
시쥬詩酒[12]의 침혹沈惑[13]ᄒᆞ고   시와 술에 푹 빠져서

---

1. 상졔분부: 상제분부. 하늘의 지시.
2. 간측: 간절하고 지성스러움.
3. 빈퇴: 배퇴. 절하고 물러남.
4. 근근이: 어렵사리 겨우.
5. 사담: 사사로이 이야기함.
6. 동관: 동관. 같이 일하는 등급의 관리나 벼슬아치.
7. 죄척: 죄책. 잘못을 저지른 책임.
8. 비경: 가볍지가 않음.
9. 긔질: 기질. 기력과 체력.
10. 유약: 어리고 약함.
11. 지긔: 지기. 의지와 기개. 어떤 일을 이룩하고자 하는 의기를 뜻함.
12. 시쥬: 시주. 시와 술.
13. 침혹: 무엇을 몹시 좋아하여 정신을 잃고 거기에 빠짐.

쥬ᄉ奏事¹⁴을 광폐曠廢¹⁵ᄒ니　　　　맡은 일을 폐하더니

옥황玉皇이 진로震怒¹⁶ᄒ사　　　　옥황상제 크게 노해

ᄒ계下界로 보ᄂᆡ미라　　　　하계로 보냄이라.

부ᄃᆡ〃〃 죠심操心ᄒ야　　　　부디부디 조심하여

기과쳔션改過遷善¹⁷ ᄒ여보쇼　　　개과천선 하여 보소.

풍상호겁滄桑浩劫¹⁸ 지닌후後에　　상전벽해 지난 후에

쇼명김命¹⁹이 계시거든　　　　상제 부름 계시거든

우리다시 동관同官되야　　　　우리 다시 동료 되어

만억연萬億年 갓치노세　　　　만억 년을 같이 노세"

문門밧게셔 젼별餞別²⁰ᄒ고　　　문밖에서 송별하며

손잡고 통곡痛哭ᄒᄆᆡ　　　　손잡고 통곡하네.

---

14. 쥬ᄉ: 주사. 업무를 임금께 아룀.

15. 광폐: 하던 일을 오랫동안 돌보지 않고 버려둠.

16. 진로: 진노. 존엄한 사람이 몹시 노함.

17. 기과쳔션: 개과천선. 지나간 허물을 고치고 착하게 됨.

18. 풍상호겁: 창상호겁. 창상호겁(滄桑浩劫)은 푸른 바다가 뽕나무가 될 만큼의 오랜 세월.

19. 소명: 신하를 부르는 왕의 명령.

20. 젼별: 전별. 잔치를 베풀어 작별함.

꿈꾼 일을 웃으실까

그쇼리 감즉놀나
전 〃반측輾轉反側[1] 이려나니
노체老體[2]가 우스면서
츈면春眠[3]을 죠롱嘲弄[4]ᄒ고
히졍쥬解酲酒[5] 맛게 되워
만취漫醉토록 먹근 후後에
졍신精神을 슈습收拾ᄒ여
남가일몽南柯一夢[6] 셜파說破[7]ᄒ니
일후日後의 오는사람
몽즁담몽夢中談夢[8] 우스실까

그 소리에 깜짝 놀라
뒤척이다 일어나니
부인이 웃으면서
봄잠을 조롱하고
해장술을 알맞게 해
만취토록 마신 후에
정신을 가다듬어
남가일몽 설파하니
뒷날에 오는 사람
꿈속의 꿈 웃으실까.

---

1. 전 〃반측: 전전반측. 누워서 몸을 이리저리 뒤척임.
2. 노체: 노체. 늙은이. 여기서는 부인인 듯.
3. 츈면: 춘면. 봄철의 잠. 일장춘몽(場春夢)을 달리 표현한 말.
4. 죠롱: 조롱. 비웃거나 깔보면서 놀림.
5. 히졍쥬: 해정주. 해장주. 전날의 술기운으로 거북한 속을 풀기 위해 마시는 술.
6. 남가일몽: 남쪽 가지에 걸린 꿈. 꿈과 같은 한때의 헛된 욕망. 당나라의 순우분(淳于棼)이 괴안국(槐安國)에 이르러 임금의 딸을 아내로 맞아, 남가군(南柯郡)의 태수가 되어 20년간 영화를 누렸는데, 깨어보니 자기 집 회화나무의 남쪽 가지 밑에서 낮잠을 자다가 꾼 꿈이었다는 고사에서 유래함.
7. 셜파: 설파. 내용을 밝혀 말함.
8. 몽즁담몽: 몽중담몽. 꿈속에서 일어난 꿈 이야기.

8

후기

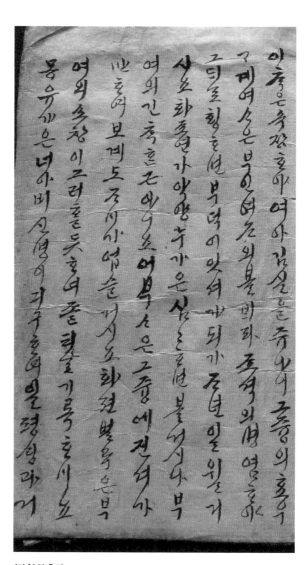

《가사》의 후기

이 츅冊은 슈장修粧[1]호야 여아女兒 김실숓室[2]을 쥬나니, 그 즁中의 효우가孝友歌 계여ᄉ誠女詞은 부인婦人 여ᄌ女子의 볼 비라 죠셕朝夕의 명염銘念호야 그디로 힝行호면 부덕婦德이 잇셔 가되家道가 ᄌ년自然 일월[3] 거시요, 화죠연가花鳥宴歌 악양누가岳陽樓歌은 심〃호면 볼 거시나 부여婦女의 긴츅緊着[4]흔 근 아니요 어부ᄉ漁父詞은 그 즁中에 진셔眞書[5]가 만흐여 보계도[6] ᄌ미滋味[7]가 업슬거시요, 화전별곡花煎別曲은 부여婦女의 쇼창消暢[8]이 그려흘 듯호여 졸필拙筆로 기록記錄호미요 몽유가

이 책은 손질하고 꾸며 딸 김실에게 주니, 그중의 〈효우가〉, 〈계녀사〉는 부인 여자가 볼 내용이라 아침저녁으로 명심하여 그대로 행동하면 여인의 덕이 쌓여 집안의 도가 자연스럽게 이루어질 것이요, 〈화조연가〉, 〈악양루가〉는 심심하면 볼 내용으로 부녀에게 긴요하게 필요한 내용은 아니요, 〈어부사〉는 그중에서 한자어가 많아 보아도 재미가 없을 것이요, 〈화전별곡〉은 부녀의 답답한 마음을 깨끗하게 씻어줄 만하여 졸필로 기록한 것이요, 〈몽

---

1. 슈장: 수장. 손질하여 꾸밈.
2. 김실: 경북 내륙 지방의 독특한 말로 김씨 집안의 며느리가 된 여인을 친정에서 일컫는 말.
3. 일월: 이루어질.
4. 긴츅: 긴착. 긴절(緊切)과 같은 말. 즉, 매우 필요하고 절실함.
5. 진셔: 진서. '참된 글자'라는 의미로 썼던 한자(漢字)의 이칭.
6. 보계도: 보기에도.
7. ᄌ미: 자미. 재미의 원래 말.
8. 쇼창: 소창. 답답한 마음을 시원하게 해소함.

夢遊歌은 너 아비 신명身命이 긔구崎
嶇ᄒ여 일평싱一平生 과거科擧의 골
몰汨沒ᄒ다ᄀ 오식여년五十餘年의
빅두白頭[9]을 면免ᄒ지 못ᄒ고 셰정
世情의 죠탄棗呑[10]ᄒ여 가손家産도 영
체零替[11]ᄒ며 너의 ᄉ남미四男妹 셩
취成娶ᄒ여쓰나 가라치지 못ᄒ여
우미막심愚昧莫甚ᄒ니 부형父兄의
칙망責望이라 후회막급後悔莫及이오
며 너히는 ᄌ질資質은 용열庸劣ᄒ
나 팔ᄌ八字은 츌즁出衆ᄒ여 천정
연분天定緣分으로 고문高門의 츌가
出嫁ᄒ여 김낭金郞의 죽인비범作人非
凡ᄒ니 젼졍前程이 만리萬里라 아모
쥬록 공부工夫을 권면勸勉ᄒ여 일
후日後의 부귀공명富貴功名을 ᄒ게
ᄒ여라 옛말의 ᄒ여 쓰되 딸의

유가)는 너의 아비가 운명이 기
구하여 일평생 과거에 골몰하다
가 오십이 넘도록 벼슬 한자리도
얻지 못하고 세상살이에 밝지 못
하여 가산도 보잘것없어 너희 사
남매는 비록 혼인을 시켰으나 가
르치지 못하여 어리석음이 심하
니 이는 아비의 책임이라 심히
후회하노라. 너는 재주가 변변하
지 못하지만 팔자가 출중하여 하
늘의 연분으로 높은 가문에 출
가하는구나. 사위 김랑이 비범한
사람이니 앞날이 만 리라, 아무
쪼록 공부에 부지런히 힘쓰도록
권하여 훗날 부귀공명을 이룰 수
있게 하여라. 옛말에 딸 덕에 부
원군이라 하였으니 부디부디 명

---

9. 빅두: 백두. 흰 머리. 탕건(宕巾)을 쓰지 못하였다는 뜻으로, 지체는 높으나 벼슬하지 못한 사람을 비
    유적으로 이르던 말.

10. 죠탄: 조탄. 대추를 씹지 않고 그냥 삼킨다는 뜻으로, 무엇을 자세히 생각하지 못하고 흐리멍덩하게
    대하는 것을 이르는 말.

11. 영체: 영체. 영락(零落)과 같은 말. 즉, 초목의 잎이 시들듯이 살림이 줄어 보잘것없이 됨.

덕德에 부원군府院君이라ᄒ니 부딕 〃〃 명염銘念[12]ᄒ며 몽유가夢遊歌 일편一篇은 궁窮흔 죠딕措大[13]의 광담狂談이라 네나 두고 보와 늘근 이비 쇼회所懷을 만분지일萬分之一이나 긔렴記念하며 다른 스람 뵈이지 마라 긔쇼欺笑[14]된다

경ᄌ庚子 십이월十二月 이십ᄉ일
二十三日 셩장우ᄉ동졍ᄉ成粧于三洞精舍

심하여라. 〈몽유가〉 한 편은 뜻을 이루지 못한 궁색한 선비의 쓸 데없는 말이니 너나 두고 보면서 늙은 아비의 품은 뜻을 만분의 일이나 기억하고 다른 사람에게 보이지 말도록 하여라, 웃음거리 된다.

경자년(1900년) 십이월 이십 삼일 삼동(경북 봉화군 명호면 삼동리 소재) 정사에서 꾸밈.

---

12. 명염: 명념. 명심(銘心)과 같은 말. 즉 마음에 새김.
13. 조딕: 조대. 뜻을 이루지 못한 가난한 선비.
14. 긔쇼: 기소. 놀림과 비웃음.

소창문고본《가스》에 대한 소고*

1. 서론

　일본 동경대학교의 소창문고(小倉文庫)에는 경성제국대학교 법문학
부 교수를 역임했던 소창진평(小倉進平, 1882~1944)이 한국에 머무는
동안 수집하였던 729건의 한국고서가 소장되어 있다. 이 고서들은 최
근 복정령(福井玲후쿠이레이, 동경대 교수)에 의해 목록과 서지 사항이
집성 · 공개되었다.[1]

　그 목록 중, L174585라는 일련번호를 가진 책은《가스》란 작품으로

---

* 숙명여자대학교 한국어문화연구소에서 발간한《한국어와 문화》18권(2015년)에 발표한 논문을 재수
　록한 것임.

1. 福井玲은 일본어판으로 2회에 걸쳐 목록화했고, 2012년《해외 한국본 고문헌 자료의 탐색과 검토》
　（옥영정 외 7인, 서울대학교 규장각 한국학연구원, 삼경문화사, 95~195면）를 통하여 한국어판 출간을 했다.
　일본어판의 서지 사항은 다음과 같다.
　　福井玲,〈小倉文庫目錄 其一 新登錄本〉,《朝鮮文化研究》9, 東京大學大學院人文社會系研究科 朝鮮文化
　　研究室, 2002, 124~182면.
　　福井玲,〈小倉文庫目錄 其二 新舊登錄本〉,《朝鮮文化研究》10, 東京大學大學院人文社會系研究科 朝鮮文
　　化研究室, 2007, 105~130면.

다음과 같은 서지 사항을 지니고 있다.

> 6. 가스[歌辭] (新) L174585
>
> 1册(26張). 寫本. 28 × 19.2. 卷末記: 〈경ㅈ십이월이십숨일[庚
> 子十二月二十三日]……〉. 內容: 화조연가[花鳥連歌], 악양누
> 가[岳陽樓歌], 효우가[孝友歌], 화전별곡[花田別曲], 계녀ㅅ
> [戒女詞], 어부ㅅ[漁父詞], 몽유가[夢遊歌].**2**

이 소개는 우선 다음과 같은 점에서 우리의 흥미를 끈다. 첫째, 위 서명
과 목록을 보자면 이는 어떤 이가 가사작품만을 선별해 편찬한 것인데,
이렇듯 가사만을 모은 가사집은 우리 시가사에서 매우 희귀하다는 점,
둘째, 편찬한 연대가 경자년이라는 점에서 특정 시대의 가사 향유 정황
을 생생히 목격할 수 있으리라는 점, 셋째 〈화조연가〉·〈악양루가〉·〈효
우가〉 등의 작품은 異本이 零星하거나 20세기 들어서야 채록된 것들**3**인

---

2. 福井玲 외 7인, 《해외 한국본 고문헌 자료의 탐색과 검토》, 서울대학교 규장각 한국학연구원, 삼경문
   화사, 2002, 97면. 인용문에서 위 권점은 필자가 임의로 쳤는데, 각각 "조 → 죠, 連 → 宴, 가 → ㄱ, 田 →
   煎, 가 → ㄱ"로 수정되어야 할 곳들이다. 〈화죠연가〉는 꽃과 새가 잔치를 벌이는 내용이고, 〈화전별
   곡〉은 봄날 화전놀이를 하는 내용이므로 마땅히 花鳥宴歌, 花煎別曲으로 전환하여 병기하는 것이 옳
   다. 기타 '조, 가' 등의 한글은 원문에 '죠, ㄱ'로 되어 있다.
3. 〈孝友歌〉는 최현재(〈효우가〉의 구비적 특성과 작가〉, 《奎章閣》24, 서울대학교규장각한국학연구원, 2001,
   106면)의 언급 - "〈孝友歌〉는 다른 문헌이나 기록에서도 찾아볼 수 없으며 異本 역시 존재하지 않는
   작품이다. 현재 전하고 있는 필사본이 곧 유일한 자료라고 할 수 있다." - 을 따를 때 이본이 거의 없

데 그렇다면 이 가사집의 수록본들은 현전하는 이본들 중 가장 이른 시
기의 것이 될 가능성이 있다는 점 등이 想起되기 때문이다.

그러던 중, 필자는 지인의 도움을 입어 이 책의 전체 사진본을 入手할
수 있었다. 그리고 책의 말미에서 다음과 같은 흥미로운 後記를 보게 되
었다.

> 이 측(册)은 슈장(修粧)[4] ᄒ야 여아(女兒) 김실(金室)[5]을 쥬나
> 니, 그 즁(中)의 효우ᄀ(孝友歌) 계여스(誡女詞)은 부인(婦人)
> 여ᄌ(女子)의 볼 비라 죠셕(朝夕)의 명염(銘念)ᄒ야 그딕로
> 힝(行)ᄒ면 부덕(婦德)이 잇셔 가되(家道ㅣ)가 ᄌ년(自然)
> 일월[6] 거시오, 화죠연가(花鳥宴歌) 악양누가(岳陽樓歌)은 심

는 작품이고, 〈악양루가〉는 이용기의 《악부》에 2종의 이본, 김성배 외 4인의 《주해 가사문학전집》
(김성배 · 박노춘 · 이상보 · 정익섭, 《주해가사문학전집》, 정연사, 1961)에 1종의 이본이 소개되어 있을
뿐인데, 주지하다시피 《악부》는 1920~30년간에 기녀들이 부른 노래를 이용기가 모은 책이므로 현
전하는 이본들은 모두 20세기 이후의 채록본이 된다. 또 《주해 가사문학전집》에 수록된 것은 본래
《가사집》(申明均 編, 金台俊 校閱, 《歌詞集》, 中央印書舘版, 1936, 232~234면)에 있던 것을 한문으로 전
환하여 수록한 것인지라 결국 1936년 채록본에 불과한 것이다. 이 외 1910년대 이후 《시힝잡가》 등
의 잡가집들에 〈악양루가〉가 7회 정도 실려 있다. 〈화조연가〉는 최근 신경숙(〈궁중연향에서의 가사
창작과 전승〉, 《고시가연구》 26집, 한국고시가문학회, 2010, 243~266면)에 의해 17종의 이본이 있는 것
으로 집계되어 비교적 많은 이본을 지닌 작품이라 할 수 있으나, 필사본 대부분은 20세기 이후의 것
이 아닌가 한다.

4. 수장(修粧). 손질하여 꾸밈.

5. 김실(金室). 경북 내륙 지방의 독특한 말로 김씨 집안의 며느리가 된 여인을 일컫는 말.

6. 이루어질.

〃ㅎ면 볼거시나 부여(婦女)의 긴츅(緊着)[7] ㅎ 근[8] 아니요 어부ㅅ(漁父詞)은 그 즁(中)에 진셔(眞書)[9]가 만ㅎ여 보계도즈미(滋味)[10]가 업슬거시오, 화젼별곡(花煎別曲)은 부여(婦女)의 쇼챵(消暢)[11]이 그려홀 듯ㅎ여 졸필(拙筆)로 기록(記錄)ㅎ미요 몽유가(夢遊歌)은 너 아비 신명(身命)이 긔구(崎嶇)ㅎ여 일평싱(一平生) 과거(科擧)의 골몰(汨沒)ㅎ다ㄱ 오식여년(伍十餘年)의 빅두(白頭)을 면(免)ㅎ지 못ㅎ고 셰졍(世情)의 죠탄(棗呑)[12]ㅎ여 가산(家産)도 영체(零替)[13]ㅎ며 너의 ㅅ남미(四男妹) 셩취(成娶)ㅎ여쓰나 가라치지 못ㅎ여 우미막심(愚昧莫甚)ㅎ니 부형(父兄)의 칙망(責望)이라 후회막급(後悔莫及)이오며 너히는 ㅈ질(資質)은 용열(庸劣)ㅎ나 팔ㅈ(八字)은 츌즁(出衆)ㅎ여 쳔졍연분(天定緣分)으로 고문(高門)의 츌가(出嫁)ㅎ여 김낭(金郞)의 죽인비범(作人非凡)ㅎ니 젼졍(前程)이 만리(萬里)라 아모쥬록 공부(工夫)을 권면(勸勉)ㅎ여

---

7. 긴착(緊着). 긴절(緊切)과 같은 말.

8. '건'의 잘못. 즉, '것은'의 준 말.

9. 진서(眞書). '참된 글자'라는 의미로 썼던 한자(漢字)의 이칭.

10. 자미(滋味). '재미'의 원래 말.

11. 소창(消暢). 답답한 마음을 시원하게 해소함.

12. 죠탄(棗呑): 대추를 씹지 않고 그냥 삼킨다는 뜻으로, 무엇을 자세히 생각하지 못하고 흐리멍덩하게 대하는 것을 이르는 말.

13. 영체(零替). 영락(零落)과 같은 말.

일후(日後)의 부귀공명(富貴功名)을 ㅎ게 ㅎ여라 옛말의 ㅎ
여 쓰되 딸의 덕(德)에 부원군(府院君)이라ㅎ니 부듸 〃 〃 명
염(銘念)**14**ㅎ며 몽유가(夢遊歌) 일편(一篇)은 궁(窮)흔 조되(措
大)**15**의 광담(狂談)이라 네나 두고 보와 늘근 이비 쇼회(所懷)
을 만분지일(萬分之一)이나 긔렴(記念)하며 다른 스람 뵈이
지 마라 긔쇼(欺笑)**16**된다 경즈(庚子) 십이월(十二月) 이십습
일(二十三日) 셩장우습동졍스(成粧于三洞精舍)**17**

[띄어쓰기 및 괄호 속 漢字는 필자가 任意로 記入함, 원문은
논문 말미를 참조할 것]

이 후기는 간략했던 서지 사항보다 더 큰 흥미를 불러일으키는 내용을
담고 있다. 우선 이 책이 김씨 집안에 시집가는 딸을 위해 아버지가 직접 필
사하고 편찬한 책이란 점이다. 옛 시절의 아버지는 자식에게 엄격하기만
했을 것이라는 선입견에 반하는 퍽 흥미로운 자료를 확보하게 된 것이다.

이 후기가 지닌 중요성은 단순한 흥미 차원에서 끝나지 않는다. 위를
다시 보면 아버지는 딸을 위해 다양한 성격의 가사를 필사해 주고 있
음을 본다. "효우マ(孝友歌), 계여스(誡女詞)은 부인(婦人) 여즈(女子)

---

14. 명념(銘念). 명심(銘心)과 같은 말.

15. 조대(措大). 뜻을 이루지 못한 가난한 선비.

16. 기소(欺笑). 놀림과 비웃음.

17. 삼동정사에서 책을 꾸밈.

의 볼 빈라 죠셕(朝夕)의 명염(銘念)ᄒ야 그딕로 힝(行)ᄒ면 부덕(婦德)이 잇셔 가되(家道)가 ᄌ년(自然) 일월 거시오"라는 말은 가사가 지닌 교훈성을 적실히 보여주는 것이고, "화죠연가(花鳥宴歌), 악양누가(岳陽樓歌)은 심〃ᄒ면 볼 거시나 부여(婦女)의 긴츅(緊着)흔 근 아니요 ……화전별곡(花煎別曲)은 부여(婦女)의 쇼창(消暢)이 그려홀 듯ᄒ여 졸필(拙筆)로 기록(記錄)ᄒ미요"라는 말은 가사가 지닌 오락성과 향락성을 보여주는 것이고, "어부ᄉ(漁父詞)은 그 즁(中)에 진셔(眞書)가 만ᄒ여 보계도 ᄌ미(滋味)가 업슬거시오"란 말은 가사가 지닌 교양적 측면을 보여주는 것이라 할 것이다. 의도한 것은 아니었겠지만 가사 장르 전체의 효용에 대해 핵심적으로 기술한 것이라 할 만하다.

하지만 이러한 흥미와 가치를 지녔음에도 불구하고 우리는 불행히도 이 자료를 완전히 이해하는 단계에 이르지는 못했다. 父情을 담아 시집가는 딸에게 손수 건넸을 법한 이 장면이 과연 어느 지역에서, 또 언제 있었던 문화적 풍경이었을까에 대한 온전한 답을 얻을 수 없기 때문이다. 이 질문에 대한 답은 後記 마지막의 "경ᄌ십이월이십습일 셩장우슴동졍ᄉ"라는 구절에 담겨 있을 것인데, 이에 대한 이해가 그리 녹록지 않아 보인다.

2. 연구사의 검토

이 가사집에 수록된 작품과 이러한 가사집이 나오던 문화사적 맥락을 이해하기 위해서 우리는 이 책이 형성된 지역과 시대를 먼저 알아야 한다. 그것이 고정되지 않으면 작품의 향유 시기라든가, 향유 지역, 나아가 이본들 간의 상호 관계 등에 대한 심각한 오해가 생겨나기 때문이다.

그런데 우리는 이와 관련하여 이 책의 소개에 선편을 잡은 윤덕진[18]의 연구에 크게 기댈 수 있다. 후쿠이 교수의 소개가 있기 몇 해 전 윤덕진 교수는 이 책이 소창문고에 소장되어 있음을 알고 있었는데, 그 경위를 다음과 같이 적고 있다.

> 이 가사집은 일본 동경대학 문학부 2층 한적 코너 오꾸라 문고에 소장되어 있다. 분류기호는 "L 174585"이며, 필사본 1책 26장이다. 지질은 두터운 한지이며 필체는 반흘림체로 처음부터 끝까지 단아하고 고른 모습을 유지하고 있어 한 사람이 정성들여 쓴 것임을 알 수 있다. 이 자료를 처음 소개한 분은 청주대학의 류재일 교수이다. 자료를 입수하기까지 친절한 지도에 감사드린다. 자료의 복사는 2000년 12월 당시 동경외대에 교환학생으로 가 있던 최현식 선생의 도움을 받았다. 또한 감사의 말씀을 드린다.[19]

이후 이 가집의 서지적 상황에 대해 다음과 같은 윤곽을 제시한다.

---

18. 윤덕진, 〈여성가사집《가亽》(小倉文庫 소장)의 문학사적 의미〉,《열상고전연구》제14집, 열상고전연구회, 2001, 207~243면.
19. 윤덕진, 상게서, 207면.

이 가사집의 후기에는 당연히 편찬 연월일과 장소가 제시되어 있다. 우선 연 간지 "경ᄌᆞ"는 1840년과 1900년일 두 가지 가능성이 있는데, 다른 이본과의 대조를 통해 여기 실린 작품이 고형으로 확인되면 앞선 연대를 택하게 될 것이다. 이 가사집의 편찬 장소를 추정할 수 있는 단서는 후기 말미의 "셩쟝 우ᄉᆞᆷ동 졍ᄉᆞ"라는 대목에 있는데, "成章于ᄉᆞᆷ동精舍"로 읽을 때 "ᄉᆞᆷ동"이 1) 지명일 경우: 〈계녀ᄉᆞ〉가 안동 지역에 유통되던 〈계여가〉와 별다른 차이를 보이지 않는 동종의 작품이라는 사실을 단서로 안동 지역을 중심으로 해서 해당 지명을 검토해 보았으나 확연히 일치하는 지명을 찾아내지는 못하였다. …… 3) "三冬"으로 읽을 경우: 이 대목 바로 앞에 제시한 "십이월 이십삼일"과 일치하지만 여기 굳이 날짜를 되풀이 넣을 필요에 대한 의문이 강하게 제기될 수 있다. 결국 편찬 장소의 추정은 〈계녀ᄉᆞ〉를 근거로 하여 안동 지역으로 잡아 보는 선에서 마무리할 수밖에 없다. [20]

이 언급은 크게 두 가지의 내용을 담고 있다. 시대적 정보는 "경자년"을 통해 추정 가능한데 이로 1840년과 1900년의 두 가능성을 가지고 있고, 지역적 정보는 '셩쟝우ᄉᆞᆷ동졍사'라는 후기를 통해 추정할 수 있는

20. 윤덕진, 상게서, 210~211면.

데 비록 '삼동'이라는 지명을 찾지는 못했지만, 아마도 '안동 지역'일 가능성이 크다는 것이다. 이 점에 대해 필자 역시 같은 생각을 가지고 있다. 윤덕진이 근거로 삼은 '계녀가'들의 내용적 일치는 이 작품의 향유자가 안동 지역과 관련되었음을 강하게 암시하고 있고, 이 점은 후기의 첫머리에 나오는 어휘 '김실(金室)'과도 잘 호응되는 측면이 있다. 현대에는 거의 사라진 용어이지만 '김실'이란 용어는 '김씨 집안에 시집간 딸을 부르는 말'로서 경북 내륙에서 주로 쓰였던 방언이기 때문이다. 작품의 형성 시기인 경자(庚子)년에 대해서도 우선 두 가지 가능성에서 출발하는 것이 옳다고 생각한다. 결국 1840년 아니면 1900년 둘 중 하나인 것이다.

하지만 선학의 견해는 보다 보완될 여지가 있다. 선학의 견해는 시대에 대해서는 둘 중 1840년으로 기울었고, 지역에 대해서는 안동 지역권 정도로만 추정한 채 마무리되어 있다. 그러나 몇 정보를 추가해 보면 이는 보다 예각화될 여지가 있다.

3. 지역 추정의 실마리와 확인

3.1. 노랫말에 나타난 실마리 – 딕죠산 · 화심강

위에서 필자는 선학이 추정한 지역에 부분적 동의를 했다. 즉, 이 가사집의 태동은 '안동 지역권'에서 있었을 것이다. 그러나 이는 어디까지나 추정이었지 우리는 '삼동'이라는 영남 내륙의 지명을 아직 찾지는 못했다. 그렇다면 다른 방식으로 지역에 대한 추정을 해 보는 것은 어떨까? 필자는 이를 위해 이 가사집에 수록된 내용을 보다 면밀히 분석할 필요를 느낀다. 가사라는 장르는 그 특성상 자신의 생활에 기반을 둔 내용이 많기 때문에 내용들에서 지역성을 노출할 가능성이 常存하는 것이다. 더구나 이 가사집에는 〈계여ᄉ〉, 〈화전별곡〉 등의 작품이 있어 지역이나 작가에 대한 정보를 노출할 여지가 얼마든지 있다.[21] 이러한 가능성을 염두에 두고 볼 때 다음 山名과 江名은 우리의 시선을 끌기 충분하다. [방점, 괄호 속의 한자는 필자가 임의로 첨가함. 이하 모든 인용문은 같음.]

> 아동방(我東邦) 부녀(婦女)노름 화전(花煎)밧게 또인난가 (중략)
> 빅분청유(白粉靑油)[22] 분별(分別)ᄒ여 기경쳐(奇景處)을 ᄎᄌ가니
> 딕됴산(大鳥山) 놉픈곳딕 화심강(**江)니 둘너쇼야 〈화전별곡〉

위 구절은 《가ᄉ》에 수록된 〈화전별곡〉의 일부이다. 화자가 부녀의 즐거운 놀이로 화전을 택하고 동료들과 함께 화전에 필요한 쌀가루와

---

21. 가령 《계녀가》류 등에서 보이는 "아해야 들어봐라 年去長成 하였으매 모작이 求婚하니 蔚山山城 嚴氏宅에 吉緣이 거리런가 戊吾之月 念酉日에 桃天時節 되었구나, 〈계녀가〉"(김성배 외 3인, 《주해 가사문학전집》, 민속원, 474~475면) 등의 어구에서 우리는 화자가 울산 엄씨에게 무오년 염유일에 시집갔던 정황을 엿볼 수 있다. 이런 정보를 활용할 가능성을 말하는 것이다.
22. 흰 가루와 푸른 기름. 즉, 부침개의 재료.

기름 등의 식재료를 챙긴 후 기이한 경치의 산으로 올라가는 장면이다. 그런데 그러한 노랫말 가운데 뜻밖에 '대조산'과 '화심강'이라는 고유명사가 보인다. 만약 이것이 實名이라면 향유자들이 화전놀이를 하던 바로 그 지역 공간일 것이다. 이런 점에서 우리는 '대조산'이란 산을 '화심강'이라는 강이 둘러 흐르고 있는 지형이 혹 실존하고 있을 가능성을 확인할 필요가 있다.

그럴 때 다음의 '大鳥山'은 경북 내륙의 봉화현에 있는 산이라는 점에서 좋은 실마리가 되어 준다.

> 공의 휘는 광정(光庭, 1674~1756)이다. ……봉화현 대조산 서쪽 언덕에 장사지냈다. (公諱光庭……葬于奉化縣大鳥山 向兌之原) 〈訥隱先生文集, 附錄, 墓誌銘〉
>
> 창설재 권두경(權斗卿, 1654~1725) 선생의 묘는 봉화현의 동쪽 대조산에 있다. (蒼雪齋先生權公之墓 在奉化縣東大鳥山) 〈이재(李栽, 1657~1730), 《密菴先生文集》권17, 墓碣銘, 蒼雪齋權公碣銘〉

위 기록에 따르면 봉화현의 동쪽에 대조산이 있고 대조산의 서쪽에 눌은(訥隱) 이광정(李光庭, 1674~1756) 선생의 묘가 있다는 것이다. 그렇다면 혹 위에 나타난 "大鳥山"이 있는 봉화현이 바로 우리가 찾고자 하는 이 책을 편찬한 이와 향유자들이 살던 곳이 아닐까? 영남 내륙 지역의 방언에 이어 山名의 일치가 실마리로 추가된 것이다.

3.2. 지명의 확인 - 대조산과 삼동

필자는 대조산이 봉화현의 동쪽에 있다는 기록을 좇아 산의 구체적 위치를 확인하기 위해 지도 검색 등의 작업을 하였다. 그러나 안타깝게도 현대의 지도에서는 봉화에 있는 '대조산'을 확인할 수 없었다. 봉화군청에도 확인하였지만 그러한 이름은 들어보지 못했다는 답신을 받았다. 이에 필자는 마지막 기대를 품고 위 인용에 나타난 訥隱 李光庭 先生의 종친회에 선생의 묘가 위치한 山에 대한 의뢰를 하였다. 대조산에 장례를 지냈다[葬于 奉化縣大鳥山]고 했으니, 묘가 있는 그 산이 바로 대조산일 것이기 때문이다. 수고를 무릅쓰고 종친회에서는 직계 후손을 흔쾌히 소개해 주었고, 그 후손은 친절하게도 다시 눌은 선생의 묘를 관리해 주시던 분을 소개해 주었다. 그는 눌은 선생의 묘가 있는 산으로 가는 입구 마을에 거주하고 있었는데, 필자는 호의적인 태도의 그분[23]과 통화를 하면서 지역 추정의 결정적 단서를 얻을 수 있었다.

필자가 얻게 된 결정적 단서란 눌은 선생의 묘는 마을 뒷산에 있으며 그 마을 이름이 '삼동'이라는 것이었다. 삼동이라면 우리가 앞에서 이미 보았던, 이 책의 필사자가 필사를 완성했다고 명시했던 '于삼동'의 바로 그 삼동이 아닌가. 작품에 나타난 산명을 실마리로 하여 궁극적으로 찾아 들어간 곳이 그 작품을 수록하고 있는 책을 편찬한 곳의 이름과 동일하다는 것. 이 점이 의미하는 것은 명확하다. 즉, 이 책은 대조산이 있

---

23. 친절한 도움을 주신 삼동2리의 금장락(琴長洛) 선생님께 감사의 말씀을 다시금 전한다.

는 봉화의 삼동에서 필사 · 편찬된 것이다.

그렇다면 이 지명과 산명들을 지도에 표시하며 여러 문헌적 정황들을 대입해 재검토해 보자. 이 작업은 결국《가스》의 필사 · 편찬 지역에 대한 확정 작업이 될 것이다. 먼저 다음 지도를 보자.

〈지도 1〉의 네모난 부분[24]은 눌은 선생의 묘[대조산]가 위치한 봉화군 명호면(明湖面) 삼동리(三洞里) 일대를 보인 것이다. 35번 국도가 명호면을 종단하고 있는데 명호면의 동북쪽 경계에 삼동리가 자리하고 있다. 이 삼동리는 전체적으로 봉화군의 동쪽에 위치하고 있어 밀암선

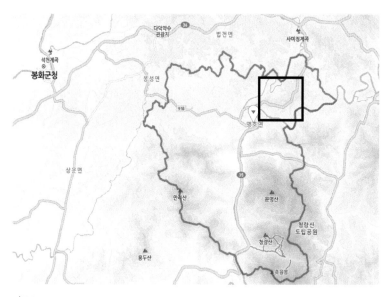

지도 1

생문집에서 대조산은 봉화현의 동쪽(奉化縣東大鳥山)에 있다고 한 사실에 일치된다. 눌은 선생의 묘 위치, 산과 강의 형세를 자세히 보기 위해 삼동리의 네모난 부분을 중심으로 지도를 확대하면 다음과 같다.

이 지도는 상술했듯이 〈지도 1〉의 네모 부분, 즉, 삼동리 쪽을 확대한 것이다. 지도를 보면 낙동강 상류가 마을을 Y자 형태로 휘돌아 흐르는 것을 볼 수 있는데 이 점은 〈화전별곡〉의 노랫말 "디죠샨(大鳥山) 놉푼곳딕 화심강(○○江)니 둘너쇼야"에 정확히 부합한다. 그림의 위쪽에 있는 반경 약 200여 미터의 원 일대가 눌은 선생의 묘가 있는 산이다.

지도 2

△가 이 산의 해발 500m 山頂이며 산의 서쪽 부분 A로 표시한 지점에 눌은 이광정 선생의 묘가 있다. 눌은문집에 기록된 "봉화현 대조산 서쪽 언덕에 장사 지냈다"란 기록에 의거할 때 이 산이 바로 대조산[25]임을 확인할 수 있다.

화심강은 대조산에 기댄 마을을 감싸고 도는 낙동강 상류 일대를 칭하던 말로 판단된다. 현재는 강을 그렇게 칭하지 않지만, 제보해 주신 분에 따르면 어릴 때까지도 강가의 지형 일대를 화심우 혹은 화심기라고 불렀다고 한다. 지도의 B에 해당하는 부분을 그렇게 불렀다고 하는데 그것이 그쪽 강변만 그렇게 부른 것인지 아니면 다른 곳도 그렇게 불렀을 가능성이 있는지는 확신할 수 없으나 대조산을 둘러싸고 흐르는 강과 관련된 명칭이라는 점에서 '화심강'의 존재를 보여주는 틀림없는 흔적이라 할 수 있다.

결국 〈화전별곡〉에 나타난 구절 "딕죠샨(大鳥山) 놉푼곳듸 화심강(花蕊江)니 둘너쇼야"는 "삼동이라는 마을의 대조산에 올라가 보니 화심강이 마을을 둘러 흐르고 있는 정경이 눈에 들어오더라"를 시적으로 표현한 것이라 할 수 있다. 이러한 놀이는 삼동의 부녀자들에 의해 행해졌고, 놀이의 즐거움을 딸이 누리라는 의도에서 삼동에 살던 한 양반이

---

25. 현지 주민들은 일반적으로 이 산을 '천제산'으로 부른다고 한다. 대조산이란 명칭은 현재 거의 사용되지 않는 듯하다. 한편, 예전에 이 산을 '大鳥山'이라 부른 것은 산의 동쪽 면 아래에 있는 마을 이름에서 유래한 것으로 보인다. 지도에서도 작게 보이듯이 이 마을 이름이 '황새마을'인데 이 이름에 기인해 '황새 - 한새 - 大鳥'가 된 것으로 추측된다.

同鄕의 노래를 필사, 편찬해 준 것이라 하겠다.

4. 시기 추정의 실마리와 확인

위에서 우리는 《가ᄉ》의 편찬 지역이 大鳥山이 있는 경상북도 봉화
군 명호면 삼동리임을 보았다. 그렇다면 이 가사집은 언제 편찬된 것일
까? 이에 대한 현재까지의 견해는 다음과 같다.

> 《가사》 수록 작품들은 전반적으로 고형의 표현 양상을 보여
> 서 다른 이본들보다 선행하는 시기(1840년)의 산물임을 알 수
> 있게 한다. …… 과거 제도가 시행된 하한선은 20세기 이전이
> 므로 "일평생 과거에 골몰하다가 오십여 년에 백두를 면치 못
> 한" 단계에서 편찬된 이 가사집의 편찬 시기를 1840년으로 잡
> 는 것이 적합해 보인다. …… 따라서 《가사》는 18세기 말에서
> 19세기 초반 동안의 여성 가사 향유를 반영하는 가사집으로
> 평할 수 있다. 〈윤덕진, 상게서, 220~221면.〉

이러한 견해는 서론에서 인용해 보였던 신중한 태도 "간지 '경ᄌ'는
1840년과 1900년 두 가지 가능성이 있는데 다른 이본과의 대조를 통해
여기 실린 작품이 고형으로 확인되면 앞선 연대를 택하게 될 것이다"의

최종 결론이라 할 수 있겠다.[26] 즉, 작품이 지닌 고형의 표현 양상, 후기에 인용되어 있는 과거 시험의 경험을 근거로 1840년을 지지하고 있는 것이다.

그러나 이 두 근거는 《가스》가 1900년에 지어졌다고 할지라도 여전히 성립할 수 있는 측면이 있다. 즉, 우리나라의 과거는 1894년 갑오개혁을 끝으로 완전히 사라지게 되는데, 1900년 당시에 50세이던 인물의 젊었던 시절, 즉 20~40살이었던 때는 1870~1890년대이므로 과거가 극성이었던 시대와 온전히 겹친다. 실제 1892년 마지막 과거 시험에 대한 다음의 묘사를 보면 당대 村老들의 과거에 대한 열망이 18세기 초 못지않았음을 확인할 수 있다.

> 내가 아홉 살 적(1884년)에 …… 나는 어떻게 하면 진사가 되느냐고 물었다. 진사나 대과나 다 글을 잘 공부하여 큰 선비가 되어서 과거에 급제를 하면 된다는 대답이었다. 이 말을 들은 뒤로 나는 부쩍 공부할 마음이 생겨서 아버지께 글방에 보내 달라고 졸랐다. …… 집에서 서당에 가기까지, 서당에서 집에

---

26. 비록 최종적으로 1840년으로 귀결되었지만, 윤덕진 교수는 시초에는 여러 가능성을 열어 두고 있었던 듯하다. 이후 발표와 토론을 거치면서 최종 결론을 내렸는데, 다음 진술에서 그 과정의 일단을 엿볼 수 있다. "자료를 입수하여 정리하고 대조한 뒤에 두 차례의 발표를 거쳐 논지를 가다듬었다. 2001년 3월의 동방고전문학회 12차 정례 발표에서는 자료 소개를 위주로 하였는데 여러 회원들로부터 자료 성립 시기와 장소에 대한 질정을 받고 이를 보완할 수 있었다"(윤덕진, 상게서, 207면).

오기까지 내 입에서는 글소리가 끊어지는 일이 없었다. ……
내 나이가 열네 살(1889)이 되매 …… 이때에 임진경과(1892)
를 해주에서 보인다는 공포가 났으니 이것이 우리나라의 마
지막 과거였다. …… 과거날이 왔다. 선화당 옆에 있는 관풍각
주위에는 새끼줄을 둘러 늘였다. …… 선비들은 검은 베로 만
든 유건을 머리에 쓰고, 도포를 입고 접기를 따라 꾸역꾸역 밀
려들어 좋은 자리를 먼저 잡으려고 앞장선 용사패들이 아우성
을 하는 것도 불만하였다. 원래 과장에는 노소도 없고 귀천도
없이 무질서한 것이 유풍이라 한다. 또 가관인 것은 늙은 선비
들의 결과라는 것이다. 둘러 늘인 새끼 그물 구멍으로 목을 쑥
들이밀고 이런 소리를 외치는 것이다. "소인의 성명은 아무이
옵는데, 먼 시골에서 거생하면서 과거마다 참예하였사옵는데
금년이 일흔 몇 살이올시다. 요다음은 다시 참가 못하겠사오
니 이번에 초시라도 한번 합격이 되오면 죽어도 한이 없겠습
니다." 이 모양으로 혹은 큰 소리로 부르짖고, 혹은 방성대곡
도 하니 한편 비루도 하거니와 또 한편 가련도 하였다.[27]

이러한 상황으로 유추해 볼 때, 후기에서 보이는 "아비 신명(身命)
이 긔구(崎嶇)ᄒ여 일평싱(一平生) 과거(科擧)의 골몰(汨沒)ᄒ다ᄀ

---

27. 김구, 《백범일지》, 범우사, 1984, 23~29면.

오식여년(伍十餘年)[28]의 빅두(白頭)을 면(免)ᄒ지 못ᄒ고"의 내용은 1870~1890년까지 생의 젊은 날 대부분을 과거에만 전념하다가 1900년 당시 나이 50이 되었던 이의 진술로 보아 전혀 무리가 없다.

또 다른 근거인 이 작품이 지닌 고형의 표현 양상 또한 1900년을 부정할 만큼 확연하지는 않다. 고형적 표현 양상은 주로 한문식 표기가 많다는 점에 착안한 것[29]인데, 이러한 한문 투의 문장을 19세기 전반(1800~1850년)을 살았던 인물들의 전유물로만 생각할 수는 없는 일이다. 경북 내륙에서 평생 과거 공부에 골몰했던 19세기 후반기(1850~1900년)의 선비가 사용한 어투일 가능성도 여전히 열려 있는 것이다.

4.1. 시기 추정의 실마리: 〈계여ᄉ〉

상황이 이렇기에 우리는 이 작품의 필사 시기를 다시 검토할 필요가 있다. 그렇다면 우리는 무엇을 근거로 이 가사집의 성립 연대를 추정할 것인가? 필자는 그 해답을 '계녀가'類끼리의 비교, 구사되고 있는 어휘의 時代性 등을 통해 구할 수 있다고 본다. 윤덕진이 이미 언급한 바와 같이 이 가사집에 실린 〈계여ᄉ〉가 안동 지역에서 비교적 최근인 1960

---

28. 원문의 '오식여년'은 '오십여년(伍十餘年)'의 誤記이다.

29. "전고 인용에 의지하는 이런 고투의 시어 사용은 《가사》 내의 다른 작품들에서도 발견되는 특징으로서 《가사》의 성립 시기 추정을 앞당기게 하는 주요한 요인이 된다"(윤덕진, 상게서, 214면).

년대경 수집[30]된 〈계여가〉와 거의 일치하는데, 그 양상을 도표화하여 일
람하면 다음과 같다.

〈표 1〉

句[31]	계여ㅅ [《가ㅅ》 所載]	계여가 [경북 안동군 서후면 이계동 本[32]]
1~102句	내용 동일	
103~106句	흔반의 먹지말고 흔해의 거지말고 늬외을 구별ㅎ야 설압지 마라쓰라	∅∅∅ ∅∅∅∅ 흔회에 거지말고 늬외를 구별ㅎ며 설압기 말아서라
107~184句	내용 동일	
185~186句	건부나무 찍지말라 불씌가 든나이라	건불나무 씌지마라 ∅∅∅ ∅∅∅∅
187~216句	내용 동일	
217~220句	반찬을 노흘젹긔 제쥴로 아라녹코 시져을 노흘젹긔 츙나게 마라쓰라	반찬을 노흘젹에 제쥴노 아라노코 ∅∅∅ ∅∅∅∅ ∅∅∅ ∅∅∅∅
221~344句	내용 동일	

　　〈표 1〉은 《가ㅅ》에 수록된 〈계여ㅅ〉가 1960년경 수집된 안동 지역의
〈계여가〉와 거의 일치하고 있음을 보여준다. 우선 노래의 골격이 각각

---

30. "나는 이러한 閨房歌詞의 硏究에 뜻을 두고 지난 30餘年間에 걸쳐 嶺南地方一帶의 坊坊曲曲을 두
　　루 遍踏하여, 現地에서 두루마리 形式으로 된 閨房歌詞를 蒐集하였다. 그 結果로 내가 가지고 있는
　　現在의 그 保有量은 近 6,000餘疋이 되고 있다. 이것들을 다시 整理하고 校合하여 그 資料集으로서
　　지난 1979年에 韓國精神文化硏究院에서 〈閨房歌詞Ⅰ〉로 出版한 바 있었고, 이어 昨年에 曉星女子
　　大學校 出版部에서 〈閨房歌詞 -身邊歎息類-〉를 또한 出版한 바 있었다"(권영철,《閨房歌詞各論》, 형
　　설출판사, 1986, 3면).

31. 이하의 모든 句 표시는 《가ㅅ》 소재 〈계여ㅅ〉를 기준으로 한다.

32. 정형우 편찬책임,《규방가사》Ⅰ, 한국정신문화연구원, 1979, 14~20면.

344句와 340句로 60년대 수집된 본이 불과 4구 모자랄 뿐이고, 어구의 순서와 내용 또한 완전히 일치하고 있다. 또한 구사하고 있는 독특한 어휘조차 일치되고 있다는 점 등으로 볼 때 둘의 친연성은 예사로운 것이 아니다.

그렇기에 우리는 친연성을 보다 면밀히 검토해 볼 필요가 있다. 이 친연성이 크면 클수록 두 이본의 시간적 거리는 가깝다 할 수 있고, 이 친연성이 멀면 멀수록 두 이본의 시간적 거리는 멀다고 할 수 있을 것이다. 즉 1960년대에 발굴된 두루마리 본이라면 대체로 20세기 초반에 작성된 본일 것인데, 이와의 친연성이 크다면 《가스》 소재 〈계여스〉는 시대적으로 가까운 1900년에 필사된 것이라 할 수 있을 것이고, 친연성이 적다면 시대적으로 거리가 먼 1840년으로 추정할 수 있을 것이다.

이 비교를 위해 우선 전형적 계녀가의 구성을 제시할 필요가 있다. 아래에 제시하는 전형적 계녀가는 권영철이 자신이 수집한 700여 편의 계녀가 중 480여 편을 통계 내어 集句한 것[33]으로 경북 내륙 지역 계녀사의 가장 일반적 모습이라 인정된다. 이를 기준으로 두고 《가스》 소재 〈계여스〉와 1960년경 수집된 계녀사를 비교해 볼 때, 다음과 같이 매우 특별한 친연성이 확인된다.

---

33. 합성 과정을 그대로 인용하면 다음과 같다. "權本 誡女歌는 解題者(權寧徹)가 所藏하고 있는 700餘 篇의 誡女歌中 480여 편이 13개 항을 지닌 전형임에 의거하며 수집된 계녀가를 교합 구성한 작품이다. 내용이 동일한 것은 거의 없으나 지방에 따라 전파 과정에 따라 비슷하면서도 천편일률적인 표현이 있다. 그래서 이것들을 모아 통계를 내어 전형을 하나 설정하고 해제자가 제작한 것이 이 작

<表 2>

	전형적 계녀가 [권영철 本]	계여스 [《가스》所載]	계여가[경북 안동군 서후면 이계동 本[34]]
27~ 28句	일손을 쌀리드러 네방에 도라가셔	제방의 도라나와 일손을 밧비드려	너방에 도라나와 일손을 밧비드러
31~ 34句	저녁을 당호거든 ∅∅∅ ∅∅∅∅ ∅∅∅ ∅∅∅∅ 시비와 갓치호되	견역을 당호거든 앗츰과 갓치호고 어을물 당호거든 시베와 갓치호고	져역을 당호거든 아침과 가치호고 어을벌 당호거든 시비와 갓치호고
49~ 50句	부모님 병들거든 단줌을 못즛나마 청령을 더옥호여 성심쩟 밧즛옵고	부모임 병들거든 ∅∅∅ ∅∅∅∅ 쳑염을 더욱호며 ∅∅∅ ∅∅∅∅	부모임 병들거든 ∅∅∅ ∅∅∅∅ 청영을 더욱호여 ∅∅∅ ∅∅∅∅
58~ 70句	살손드려 부치잡고 ∅∅∅ ∅∅∅∅ ∅∅∅ ∅∅∅∅ ∅∅∅ ∅∅∅∅ ∅∅∅ ∅∅∅∅ ∅∅∅ ∅∅∅∅ ∅∅∅ ∅∅∅∅ ∅∅∅ ∅∅∅∅ ∅∅∅ ∅∅∅∅ ∅∅∅ ∅∅∅∅ ∅∅∅ ∅∅∅∅ ∅∅∅ ∅∅∅∅	살손드려 부지잡고 소미을 밧닐적긔 전쳐를 주지말고 송나라 진효부난 시모가 낙치호니 계작을 못호지라 졋먹겨 효양호고 당나라 노효부는 도젹니 밤의드니 시모을 쯔러안고 도피을 아니호이 이갓치 착호일을	살손드려 부지잡고 쇼미를 반닐적에 젼쳐굼 쥬지말고 송나라 진효부난 쇠모가 낙치혼이 계작을 못호신지라 졋머겨 효양호고 당나라 노효부난 도젹이 밤에드니 쇠모를 쯔여안고 도피를 안이호뇌 이갓치 쟝호일을
58~ 70句	∅∅∅ ∅∅∅∅ 딕소변 밧칠져긔 정셩을 다호여라	너희도 호여쓰라 ∅∅∅ ∅∅∅∅ ∅∅∅ ∅∅∅∅	너희도 호여서라 ∅∅∅ ∅∅∅∅ ∅∅∅ ∅∅∅∅
71~ 84句	부모님 봉양홀졔 화경키가 제일이라 ∅∅∅ ∅∅∅∅ 구체를 견슈호여	다른일 다던지고 화슌키 제일이라 부모을 효양홀졔 구체만 젼쥬호여	다른일 다던지고 화슌키 제일이라 부모를 효양할졔 구체만 젼쥬호여

품인데, 이로써 대부분의 誡女歌의 모습을 알 수 있다(정형우, 編纂責任,《규방가사》I, 한국정신문화
연구원, 1979, 7면).

34. 정형우, 編纂責任,《규방가사》I, 한국정신문화연구원, 1979, 14~20면.

71~ 84句	주리실쩍 업게ᄒ고 치운 쩍 업게ᄒ되 쩍맛추어 ᄒ게ᄒ라 ∅∅∅ ∅∅∅∅ ∅∅∅ ∅∅∅∅ ∅∅∅ ∅∅∅∅ ∅∅∅ ∅∅∅∅ ∅∅∅ ∅∅∅∅ ∅∅∅ ∅∅∅∅ 부모님 ᄉᆞ즁커든 업드려 감슈ᄒ고	빈곱풀졔 업게ᄒ고 치울졔 업게ᄒ되 ∅∅∅ ∅∅∅∅ 한말곳 불슌ᄒ면 불효라 이르일라 부모임 씨긴일을 실타고 ᄒ지말고 어버니 말인일을 셰우고 ᄒ지말고 부모임 ᄉᆞ즁커든 업드려 감슈ᄒ고	빈곱흘쬐 업계ᄒ고 치울쬐 업계ᄒ되 ∅∅∅ ∅∅∅∅ 흔말곳 불슌ᄒ면 불효라 이르리라 어버이 씨긴일을 슬타고 ᄒ지말고 어버이 말인일을 써우지 말지어라 부모임 ᄉᆞ즁커든 업드려 감수ᄒ고
112~ 122句	분별이 업슬손가 ∅∅∅ ∅∅∅∅ ∅∅∅ ∅∅∅∅ ∅∅∅ ∅∅∅∅ ∅∅∅ ∅∅∅∅ ∅∅∅ ∅∅∅∅ ∅∅∅ ∅∅∅∅ 학업을 권면ᄒ여 헌져키 ᄒ야서라 닉외란 구별ᄒ여 음난케 마라스라	분별이 업슬손야 각결이 밧츨민니 그안히 졈심이고 밧가의 마죠안즈 손갓치 듸졉ᄒ니 쳥염을 할지라도 공경을 폐ᄒ손가 학업을 권면ᄒ여 나틱케 말라쓰라 침셕의 고흑ᄒ여 음난케 말라쓰라	분별이 업슬손가 각결이 밧츨민이 그안히 졈심이고 밧가의 마조안자 손갓치 듸졉ᄒ이 쳥염을 홀지라도 공경을 폐할손가 학업을 권면ᄒ여 나틱계 말아서라 침셕에 고흑ᄒ여 음난케 말아서라
125~ 129句	밧그로 맛튼일을 안에서 간여말고 ∅∅∅ ∅∅∅∅ ∅∅∅ ∅∅∅∅ 구고님 ᄉᆞ죵커던	밧쓰로 마튼일을 안흐로 간여말고 안으로 맛툿일을 밧쓰로 밋지말고 어버니 ᄉᆞ즁커든	밧그로 맛튼일을 안흐로 간여말고 안흐로 맛튼일을 밧그로 미지말고 어버이 ᄉᆞ즁커든
194~ 198句	츠례를 잇지마라 등촉을 쓰지말고 옷슨을 푸지말고 달울기를 고듸ᄒ야 고즉히 안즈자가 힝소를 일즉ᄒ고	싀슈을 일치마라 의복을 푸지말고 등촉을 쓰지말고 쏘즉이 안즈다가 달울기을 고듸ᄒ여 힝소을 일즉ᄒ고	석수를 일지마라 의복을 푸지말고 등촉을 쓰지말고 쏯고지 안자다가 달울음 고되ᄒ여 힝사를 일즉ᄒ고
217~ 225句	반찬을 노흘젹긔 제즈리 아라노코 ∅∅∅ ∅∅∅∅ ∅∅∅ ∅∅∅∅ ∅∅∅ ∅∅∅∅ ∅∅∅ ∅∅∅∅ ∅∅∅ ∅∅∅∅ ∅∅∅ ∅∅∅∅ 음식이 불결ᄒ여	반찬을 노흘젹긔 계즐로 아라녹코 시져을 노흘젹긔 충나게 마라쓰라 이젼의 도간어미 머리올 버혀닉여 손임을 듸졉ᄒ니 이것치 ᄒ여쓰라 음식이 불결ᄒ여	반찬을 노흘적에 제줄노 아라노코 ∅∅∅ ∅∅∅∅ ∅∅∅ ∅∅∅∅ 이젼에 도간어미 머리틸 버혀닉여 손임을 되졉흔이 이갓치 ᄒ여서라 음식이 불결ᄒ여

292~296句	즛식갓치 길러닉여 스스히 귀이ᄒᆞ면 심복이 되ᄂᆞ니라 아히야 드러바라	즛식갓치 길너쓰라 세쪅예 히입피고 빅골케 말라쓰라 아히야 드러바라	자식갓치 길너서라 제쬐에 히입히고 빅골케 마라서라 아히야 드러바라
299~303句	곡식이 만흐나마 입치례 ᄒᆞ지말고 ∅∅ ∅∅∅∅ ∅∅ ∅∅∅∅ 헌의복 기워입고	곡식이 만흥나마 입칠려 ᄒᆞ지말고 포빅이 만흥나마 몸치려 ᄒᆞ지말고 흔의복 기워입고	곡식이 만흐나마 입치례 ᄒᆞ지말고 포빅이 만흐나마 몸치장 ᄒᆞ지말고 흔의복 기워입고
308~309句	계견이 쎄게말라 아히야 드러바라 쏘흔말 이르리라 이웃제 왕닉흘제	닥과기로 씨게말고 ∅∅ ∅∅∅∅ ∅∅ ∅∅∅∅ 이우제 왕릭흘제	달과기가 씨계말아 ∅∅ ∅∅∅∅ ∅∅ ∅∅∅∅ 이우절 왕닉흘제
320~324句	나무입닉 닉지마라 부귀를 흠션말고 음식을 숭흥말고 양반을 고흥말고 인물공논 ᄒᆞ지마라	남의임닉 〃지말고 인물을 펼논말고 양반을 고흥말고 부귀를 흠션말고 음식을 탐치말고	남의집 내지말아 인물을 평논말고 양반을 고흥말고 부귀를 흠션말고 음식을 육심말아
340~344句	유익흥미 잇스리라 ∅∅ ∅∅∅∅ ∅∅ ∅∅∅∅ ∅∅ ∅∅∅∅ ∅∅ ∅∅∅∅ 〈끝〉	유익흘쎅 잇쓰리라 그밧게 경계흘말 무슈니 잇ᄯᅡ마는 졍신이 아득흥여 이만흥여 그치노라 〈끝〉	유익흥게 되얏ᄉᆞ라 그밧게 경계흘말 무수히 잇다만은 졍신이 아득흥여 이만흥여 긋치노라 〈끝〉

다소 장황하게 인용되긴 했지만, 위의 표는《가ᄉᆞ》소재〈계여ᄉᆞ〉가 일반적 계녀가와 비교해 뚜렷한 차이를 지니고 있음을 보인다. 이는 크게 어구 추가의 측면, 어구 도치의 측면, 어휘와 어구 변이의 측면으로 나누어 설명될 수 있다.

어구 추가란 31~34句, 49~50句, 58~70句, 71~84句, 112~122句, 125~129句, 217~225句, 299~303句, 308~309句, 340~344句 등에서 보이듯이 일반형에는 없는 구절이《가ᄉᆞ》소재본〈계여ᄉᆞ〉에서 추가되어 나타나거나《가ᄉᆞ》소재본〈계여ᄉᆞ〉에는 없는 구절이 일반형에는 추

가되어 나타나고 있는 현상을 말한다. 이는 누차에 걸쳐 구전 혹은 필사되며 전파되던 상황에서 자연스럽게 생긴 변이에 해당한다. 한편, 《가스》소재본과 1960년대 수집본과는 어김없이 일치하고 있음을 눈여겨봐 둘 필요가 있다.

어구 도치란 27~28句, 194~198句, 320~324句의 3곳에서 보이는 바와 같이 어구의 순서가 도치되어 있는 현상을 말한다. 내용은 갖추고 있지만 구전 혹은 필사의 과정에서 순서가 바뀐 곳이 된다. 한편 이 현상 또한 《가스》소재본과 1960년대 수집본에서는 전적으로 일치되고 있음을 본다.

어휘와 어구의 변이란 일반형에 보이는 어휘·어구들과 《가스》소재본에서 보이는 어휘·어구들이 일치하지 않는 현상을 말한다. 71~84句에서 보이는 '주리실쎠 – 빈곱풀졔', 112~122句에서 보이는 '현져키 – 나틔케', '닉외란 구별ㅎ여 – 침셕의 고혹ㅎ여', 194~198句에서 보이는 '츠례를 잇지마라 – 싁슈을 일치마라', 292~296句에서 보이는 '스스히 귀이ㅎ면 심복이 되느니라 – 졔쎠예 힉입피고 빈골케 말라쓰라' 등이 이런 사례에 해당한다. 한편 이 측면에서 볼 때도 《가스》소재본과 1960년대 수집본은 전적으로 일치한다. 각각 '빈곱풀졔 – 빈곱흘쒀', '침셕의 고혹ㅎ여– 침셕에 고혹ㅎ여', '싁슈을 일치마라 – 석수를 일지마라'로 대응됨을 보는 것이다.

일반형과 《가스》소재본의 대비에서 보이는 차이, 그리고 《가스》소재본과 1960년대 수집본에서 보이는 동질성은 무엇을 의미할까? 필자는 이 현상이 1960년대 수집본과 《가스》소재본이 시기적으로 머지않은 시점에서 파생되었기에 생겨난 현상으로 풀이한다. 즉, 많은 계녀가의 이본들이 비슷한 유형을 보이며 경북 내륙 지방에서 성행했지만,《가 스》소재본과 1960년대 수집본만큼 어휘 요소마저 일치하는 친밀한 작품은 존재하지 않는바, 이 둘은 거의 동 세대에서 산출된 것으로 판단되는 것이다.

그렇다면 이《가스》소재본과 1960년 수집본이 만났던 동 세대는 1840년 어름일까, 아니면 1900년 어름일까가 마지막 문제로 남게 된다. 필자는 1960년 수집본이 보이는 표기 양상으로 볼 때 이는 1840년까지 거슬러 올라가기 어렵다고 본다. 1960년 수집본의 표기의 가장 큰 특징은 'ㅕ/ㅑ' 같은 이중모음이 'ㅓ/ㅏ'와 같은 단모음으로 나타나고,[35] '을/를'이 현대 용법과 동일하게 선행하는 음절의 받침 유무에 따라 결정되고 있다[36]는 것인데, 이는 대체적으로 1900년대 전반 구활자본 소설이나 신문 등에 나타난 표기 양상에 부합하는 것이라 할 수 있다.

4.2. 시대 추정의 또 다른 근거들

1840년까지 거슬러 올라가기 어려운 것은《가스》소재본 〈계여스〉에 나타난 몇몇 어휘들을 통해서도 확인할 수 있다. "전역(夕), 앗츰(朝), 부

---

35. 위 표에서 보이는 어휘 중, "숑나라 – 송나라, 도젹 – 도적, 감슈 – 감수, 침셕 – 침석" 등의 예가 이에 해당한다.
36. 위에서 보이는 예 중 "소미을 – 쇼미를, 시모을 – 시모를, 도피을 – 도피를" 등이 이에 해당한다.

모임(父母), 쳑염, 살손, 빅곱풀졔, 실타고" 등 많은 어휘들이 19세기 후반의 판소리 사설이나 필사본 소설 등에서야 본격적으로 구사되던 어휘[37]란 점은 이 책의 성립이 1900년임을 강하게 지지해 주고 있다.

이 외에 이 작품의 후기에 나타난 '경ᄌ년'이 1900년일 것이란 것은 작품에 나타난 노랫말을 통해서도 방증된다.

> 인왕손(仁王山)의 샥리바가 한강슈(漢江水)로 무을쥬어
>
> 오빅열릭(伍百年來) 봄바람의 화즁왕(花中王)니 되야서라
>
> 〈화죠연가〉

이상은 〈화죠연가〉에서 인용한 것으로 한양이 열린 모습을 꽃에 비유하고 있는 구절이다. 그런데 이곳에서 한양에 500년의 봄바람이 불고 있다고 한다. 한양의 나이를 500년으로 설정한 것인데, 건국된 1392년을 기준으로 해서 볼 때 500년에 합치되는 해는 1900년도인 것이다. 이 노래의 성립을 1840년으로 잡을 경우, 이는 "사빅년릭 봄바람"이지 "오빅연릭 봄바람"이라 표현하기는 어려운 상황이 된다.

---

37. 이상의 어휘들은 대부분 1800년대 후반 이후의 문헌에서 본격적으로 사용되는 반면, 1800년 전반 혹은 그 이전의 문헌들에서는 매우 드물게 나타난다는 공통점이 있다.

5. 결론

본고는 아버지가 시집가는 딸에게 부치는 가사 모음집인 소창문고본 《가ᄉ》의 필사 정황에 대한 몇 가지 의문을 탐구한 결과물이다. 그 결과 다음과 같은 결론을 얻었다.

1) 《가ᄉ》는 경상북도 봉화군 명호면 삼동리에 살던 인물에 의해 필사·편찬되었다. 작품 내에 나타난 '大烏山'이란 지명, 필사 후기에 나타난 '성장 우삼동정사'의 '삼동'이란 지명이 경북(慶北) 봉화군(奉化郡) 명호면(明湖面) 삼동리(三洞里)와 일치하고 있기 때문이다.

2) 《가ᄉ》는 後記에 보이는 '경자년'이란 간기에 근거해 그간 1840년 경에 편찬되었을 것으로 추정되어 왔다. 하지만, 본고는 《가ᄉ》에 수록된 〈계여ᄉ〉가 1960년경 경북 내륙의 안동에서 수집된 〈계여가〉와 거의 일치한다는 점, 《가ᄉ》에 수록된 〈계여ᄉ〉에 나타나는 많은 어휘가 19세기 말 이후에야 본격적으로 구사되던 어휘란 점을 들어 1900년도로 보는 것이 더 합당하다는 결론을 내렸다. 이러한 결론은 〈화죠연가〉에 나타나는 구절 '오백년래'와도 순조롭게 조응되는 측면이 있다.

3) 이 책의 편찬 시기와 공간에 대한 정확한 정보는 향후 이 책에 수록된 작품들의 이본 계통을 정리하는 데 뚜렷한 기준점을 제공할 수 있을 것으로 기대된다. 특히 〈효우가〉, 〈악양루가〉 등의 현전 이본들은 모두 20세기 이후의 필사본이라는 공통점이 있는데 이 가집이 1900년으로 확정된 이상 모두 最先本으로 자리매김하게 되었다.

4) 이상의 정보를 보다 적극적으로 활용한다면 이 책을 필사하고 편

집한 이의 구체적 성명까지 알아낼 수 있으리라 본다. 평생 과거에 골몰했다는 점, 책을 정리하고 편집할 정도의 학식을 지녔다는 점으로 양반임을 확신할 수 있고, 후기에 나타나 있는 '자식으로 4명의 남매가 있었고, 그중 한 딸이 1900년경 김씨에게 시집갔던 정황'을 가지고 그 삼동리-규모가 작은 시골임-를 탐방한다면 어렵지 않게 그 존재를 확인할 수 있을 것으로 기대된다. 이에 대해서는 후속 작업을 기약한다.

5) 이 외에 이 가집에 나타난 1900년 경북 내륙 지방의 정신적 풍경을 보다 면밀한 관찰할 필요가 있음을 깨달았다. 수록된 작품에 나타난 세계는 대부분 중국의 지역과 인물에 치우쳐 있었는데 이를 조직화하고 공간화한다면 당시 경북 내륙 지방 양반 여성들-비록 남성이 편찬한 것이기는 하나 딸에게 읽기를 권장했다는 점에서 당대 여성들에게 요구한 정신적 공간이라 봐도 무방할 것이다-의 정신적 풍경을 선명하게 읽어낼 수 있을 것으로 기대한다. 이 또한 후속 연구가 요구된다.

박재민

참
고
문
헌

[기본자료]

소창문고본《가ᄉᆞ》

[논문]

福井玲,〈小倉文庫目錄 其一 新登錄本〉,《朝鮮文化研究》9, 東京大學大
　　　學院人文社會系研究科 朝鮮文化研究室, 2002, 124~182면.

福井玲,〈小倉文庫目錄 其二 新舊登錄本〉,《朝鮮文化研究》10, 東京大學
　　　大學院人文社會系研究科 朝鮮文化研究室, 2007, 105~130면.

신경숙,〈궁중연향에서의 가사 창작과 전승〉,《고시가연구》제26집, 한
　　　국고시가문학회, 2010, 243~266면.

윤덕진,〈여성가사집《가ᄉᆞ》(小倉文庫 소장)의 문학사적 의미〉,《열상고
　　　전연구》제14집, 열상고전연구회, 2001, 207~243면.

최현재,〈효우가의 구비적 특성과 작가〉,《규장각》24, 서울대학교규장
　　　각한국학연구원, 2001, 106면.

박본수,〈정묘조왕세자책례계병(正廟朝王世子冊禮稧屛) 연구 - 국립중
　　　앙박물관 소장 요지연도를 중심으로〉,《고궁문화》13호, 국립고

궁박물관, 2020.

[단행본]

권영철,《규방가사각론》, 형설출판사, 1986, 3면.

김구,《백범일지》, 범우사, 1984.

김성배 · 박노춘 · 이상보 · 정익섭,《주해가사문학전집》, 정연사, 1961.

신명균 편, 김태준 교열,《가사집》, 중앙인서관판, 1936, 232~234면.

옥영정 외 7인,《해외 한국본 고문헌 자료의 탐색과 검토》, 서울대학교
　　　규장각 한국학연구원, 삼경문화사, 2002, 97면.

이용기 편,《악부》, 정재호 · 김홍규 · 전경욱 주해,《주해악부》, 고려대학
　　　교 민족문화연구소, 1992.

정형우 편찬책임,《규방가사》I , 한국정신문화연구원, 1979, 14~20면.

색인

박재민 ————————————————————————

연세대학교 학사, 석사(국어국문학과)
서울대학교 박사(국어국문학과)
現 숙명여자대학교 한국어문학부 교수

한경란 ————————————————————————

숙명여자대학교 석사, 박사(국어국문학과)
現 숙명여자대학교 한국어문학부 강사

19세기 경북 봉화 양반의 딸에게 부치는 노래

초판인쇄　2021년 7월 30일
초판발행　2021년 7월 30일

지은이　박재민, 한경란
펴낸이　채종준
펴낸곳　한국학술정보㈜
주소　경기도 파주시 회동길 230(문발동)
전화　031)908-3181(대표)
팩스　031)908-3189
홈페이지　http://ebook.kstudy.com
전자우편　출판사업부 publish@kstudy.com
등록　제일산-115호(2000.6.19)

ISBN 979-11-6603-478-7 93710